使いやすい！教えやすい！家庭学習に最適の問題集！

JN126443

愛知県版私立小学校
南山大学附属小学校
名進研小学校

2022～2023年度過去問題を掲載

2024 年度版

過去問題集

合格までのステップ

出題傾向の把握

基礎的な学習

過去問にチャレンジ！

苦手分野の克服

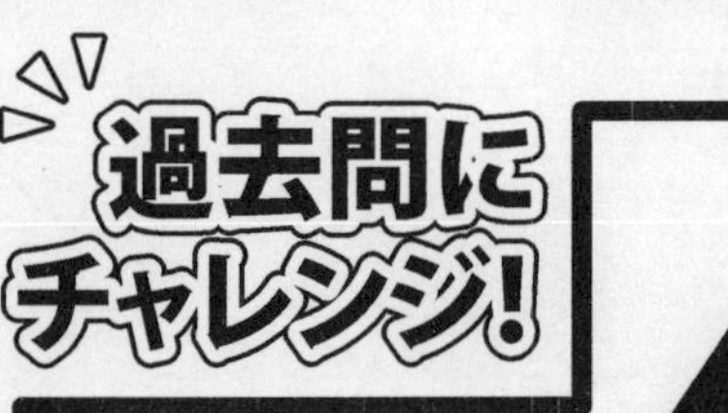

プリント式!!

すべての問題にアドバイス付き！

●資料提供●
エコール・ドゥ・アンファン
小学校受験部

日本学習図書 

ISBN978-4-7761-5528-7
C6037 ¥2300E

定価 2,530 円
(本体 2,300 円 + 税 10%)

9784776155287

1926037023005

こんなこと…ありませんか？

「ニチガクの問題集…買ったはいいけど、、、
この問題の教え方がわからない（汗）」

メールでお悩み解決します！

- ☆ ホームページ内の専用フォームで必要事項を入力！
- ☆ 教え方に困っているニチガクの問題を教えてください！
- ☆ 確認終了後、具体的な指導方法をメールでご返信！
- ☆ 全国どこでも！ スマホでも！ ぜひご活用ください！

<質問回答例>

学習のポイント

推理分野の学習では、後の学習に活きる思考力を養うことができます。ご家庭で指導する場合にも、テクニックにたよらず、保護者の方が先に基本的な考え方を理解した上で、<u>お子さまによく考えさせることを大切にして指導してください。</u>

Q.「お子さまによく考えさせることを大切にして指導してください」と学習のポイントにありますが、考える習慣をつけさせるためには、具体的にどのようにしたらいいですか？

A. お子さまが考える時間を持てるように、質問の仕方と、タイミングに工夫をしてみてください。
たとえば、「答えはあっているけど、どうやってその答えを見つけたの」「答えは○○なんだけど、どうしてだと思う？」という感じです。はじめのうちは、「必ず 30 秒考えてから手を動かす」などのルールを決める方法もおすすめです。

まずは、ホームページへアクセスしてください!!

http://www.nichigaku.jp　日本学習図書　検索

家庭学習ガイド
南山大学附属小学校

ペーパー

巧緻性

制　作

口頭試問

親子面接

入試情報

募集人数：男女90名
応募者数：男子70名　女子162名
出題形態：ペーパー、ノンペーパー
面　　接：保護者・志願者
出題領域：ペーパー（数量、図形、推理、言語、常識、お話の記憶、巧緻性）、制作、行動観察

受験にあたって

2020年度入試までは、1次試験（考査）通過者に対して2次試験として面接が行われていましたが、2021年度から志願者全員に対して面接が実施されるようになりました。学校からも考査と面接を1つの試験としてとらえるというアナウンスがあったように、より多面的・総合的に判断されるようになります。

ペーパーテストでは、数量、図形、推理、言語、常識、お話の記憶、巧緻性の分野から出題されました。出題分野は幅広いですが、出題内容は基礎的な内容が大半なのでしっかりと基礎固めをしておけば充分に対応できるでしょう。また、回答を間違えた時の指示をしっかりと聴き、対応できるようにしましょう。

志願者の考査中には、保護者向けにアンケートが実施されました。「本校を選んだ理由」「本校の理念のどんなところに魅力を感じたのか」「Web学校説明会には参加したか」「Web説明会で最も関心を持ったことは何か」「Web説明会でもっと聞きたかったことはあったか」「お子さまは塾に通っているか」「入試学校説明会に参加したか」「本校入試広報活動や説明会で気になったこと」といった内容で、無記名のアンケートでした。

家庭学習ガイド
名進研小学校

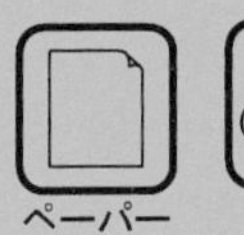

入試情報

募集人数：男女約90名
応募者数：非公表
出題形態：ペーパー、ノンペーパー
面　　接：保護者・志願者
出題領域：ペーパー（数量、図形、推理、言語、常識、お話の記憶）、制作、運動、口頭試問、行動観察

受験にあたって

当校の入学試験では、開校以来一貫して、学習適応検査、制作能力検査、運動能力検査、行動観察検査という形で考査が行われています。2023年度から考査と面接を1日で行う形態となり、試験時間は合計で2時間を超えるものと思われます。

ペーパーテストは、数量、図形、推理、言語、常識、お話の記憶の分野から出題されました。例年通りですが、幅広い出題分野となっているので、しっかりと対策をとっておきましょう。当校のペーパーテストは基礎レベルの問題内容ですが、解答方法が独特なものがあるので、最後までしっかりと問題を聞くようにしましょう。日頃の学習でも、出題方法を変えるなどして、練習を積んでおくとよいでしょう。

運動テストは、課題そのものは難しくありませんが、指示が複雑です。指示がうまく聞き取れないと混乱してしまう可能性があります。よく聞いて、何をすればよいのか理解して取り組むことが大切です。

行動観察は、集団での活動ではなく、ゲーム形式のものでした。ここでも指示通りの行動ができるかどうかが観られています。

愛知県版
私立小学校
過去問題集

〈はじめに〉

　現在、少子化が叫ばれているにもかかわらず、私立・国立小学校の入学試験には一定の応募者があります。入試は、ただやみくもに学習するだけでは成果を得ることはできません。志望校の過去における出題傾向を研究・把握した上で、練習を進めていくこと、試験までに志願者の不得意分野を克服していくことが必須条件です。そこで、本問題集は小学校を受験される方々に、志望校の出題傾向をより詳しく知って頂くために、出題頻度の高い問題を結集いたしました。最新のデータを含む精選された過去問題集で実力をお付けください。

　また、志望校の選択には弊社発行の「**2024年度版　近畿圏・愛知県　国立・私立小学校　進学のてびき**」をぜひ参考になさってください。

〈本書ご使用方法〉

◆出題者は出題前に一度問題を通読し、出題内容などを把握した上で、〈**準　備**〉の欄に表記してあるものを用意してから始めてください。

◆お子さまに絵の頁を渡し、出題者が問題文を読む形式で出題してください。問題を読んだ後で、絵の頁を渡す問題もありますのでご注意ください。

◆「**分野**」は、問題の分野を表しています。弊社の問題集の分野に対応していますので、復習の際の目安にお役立てください。

◆一部の描画や工作、常識等の問題については、解答が省略されているものがあります。お子さまの答えが成り立つか、出題者が各自でご判断ください。

◆〈**時　間**〉につきましては、目安とお考えください。

◆本文右端の［**〇年度**］は、問題の出題年度です。［**2023年度**］は、「2022年の秋に行われた2023年度入学志望者向けの考査で出題された問題」という意味です。

◆**学習のポイント**は、指導の際にご参考にしてください。

◆**【おすすめ問題集】**は各問題の基礎力養成や実力アップにご使用ください。

〈本書ご使用にあたっての注意点〉

◆文中に**この問題の絵は縦に使用してください。**と記載してある問題の絵は縦にしてお使いください。

◆〈**準　備**〉の欄で、クレヨン・クーピーペンと表記してある場合は12色程度のものを、画用紙と表記してある場合は白い画用紙をご用意ください。

◆文中に**この問題の絵はありません。**と記載してある問題には絵の頁がありませんので、ご注意ください。なお、問題の絵の右上にある番号が連番でなくても、中央下の頁番号が連番の場合は落丁ではありません。

下記一覧表の●が付いている問題は絵がありません。

問題1	問題2	問題3	問題4	問題5	問題6	問題7	問題8	問題9	問題10
									●
問題11	問題12	問題13	問題14	問題15	問題16	問題17	問題18	問題19	問題20
									●
問題21	問題22	問題23	問題24	問題25	問題26	問題27	問題28	問題29	問題30
								●	●
問題31	問題32	問題33	問題34	問題35	問題36	問題37	問題38	問題39	問題40

◎学習効果を上げるため、前掲の「家庭学習ガイド」をお読みになり、各校が実施する入試の出題傾向をよく把握した上で問題に取り組んでください。

※冒頭の「本書ご使用方法」「本書ご使用にあたっての注意点」も併せてご覧ください。

〈南山大学附属小学校〉

2023年度の最新問題

問題1　分野：お話の記憶

〈準備〉　鉛筆

〈問題〉　お話をよく聞いて、後の質問に答えてください。

今日はお母さんの誕生日です。みなみさんはお父さんとお兄さんと一緒にクッキーを作りました。小麦粉、バター、卵、チョコチップをボウルに入れ、混ぜました。星とハートと丸とクマとうさぎの形の型で抜いて、オーブンで焼きました。焼きあがった5枚のクッキーを水玉模様の四角い箱に入れ、リボンをかけて完成です。お母さんに渡したらとても喜んでいました。

①みなみさんがクッキーを作るとき、使わなかったものに○をつけてください。
②みなみさんはどんな形のクッキーを作りましたか。その形全部に○をつけてください。
③みなみさんがクッキーを入れた箱はどれですか。その箱に○をつけてくだい。
④クッキーを作ったのは誰ですか。正しい組み合わせに○をつけてください。
⑤みなみさんは、お母さんにクッキーをいくつあげましたか。その数だけ、四角の中に○を描いてください

〈時間〉　各15秒

〈解答〉　下図参照

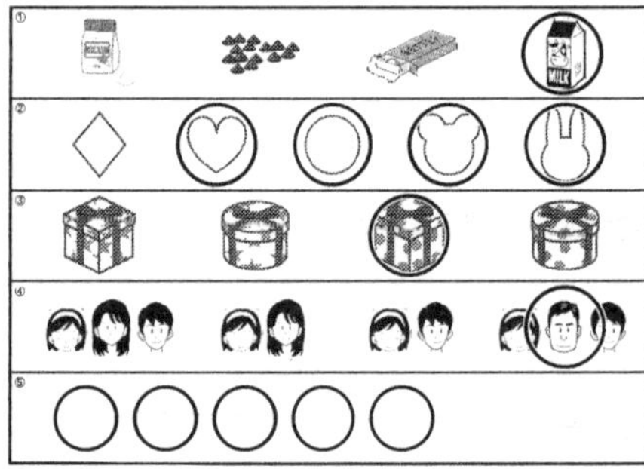

学習のポイント

当校のお話の記憶では、例年やや短めのお話が扱われています。しかし、お話の中で覚えなければいけない項目は多いので、情報を整理しながら聞き取ることが大切です。お話を聞く時は「誰が」「何を」「どうした」などのポイントを押さえ、情景を思い描きながら聞きます。短いお話から始めて読み聞かせをし、短い質問を繰り返しながら、聞いたことを記憶に残す聞き方を身に付けてください。お話を聞くことは、受験に関わらず、生活をする上で重要なことです。このような問題は、入学後、先生の話やお友だちの話を聞くことができるかという観点から観ています。本問は、あまり長いお話ではありませんが、よく集中して聞きましょう。頭の中で実際に情景を描くように聞くと記憶に残りやすいと思います。まずは、お子さまが興味を持つお話で、聞くことの楽しさ、集中力を養い、どういう情景を思い浮かべたか、何が出てきたかなどを確認しながらすすめていくとよいでしょう。

【おすすめ問題集】

1話5分の読み聞かせお話集①・②、お話の記憶 初級編・中級編・上級編

Ｊｒ・ウォッチャー19「お話の記憶」

問題2　分野：運筆

〈準備〉　鉛筆

〈問題〉　☆から★まで、枠からはみ出さないように線を引きましょう。

〈時間〉　各15秒

〈解答〉　省略

学習のポイント

当校のペーパーテストでは消しゴムを使用しますが、運筆のテストの時にたくさんの消し跡があると印象がよくありません。消しゴムを使用しなくてもよいように練習しましょう。運筆がうまくできない原因には、集中力の欠如、鉛筆の持ち方などがあります。特に、お子さまが鉛筆を正しく持てていない場合は、すぐに直すようにしてください。間違った持ち方に慣れてしまうと、それを直すためには、1から習得するとき以上の時間がかかります。試験に向けてということももちろんありますが、小学校入学後も大切です。

【おすすめ問題集】

Ｊｒ・ウォッチャー51「運筆①」、52「運筆②」

問題3　分野：数量

〈準備〉　鉛筆

〈問題〉　それぞれの四角の中にあるものを数えて、数が多い方の絵に○をつけてください。「やめ」と言われるまで、できるだけやりましょう。

〈時間〉　２分

〈解答〉　下図参照

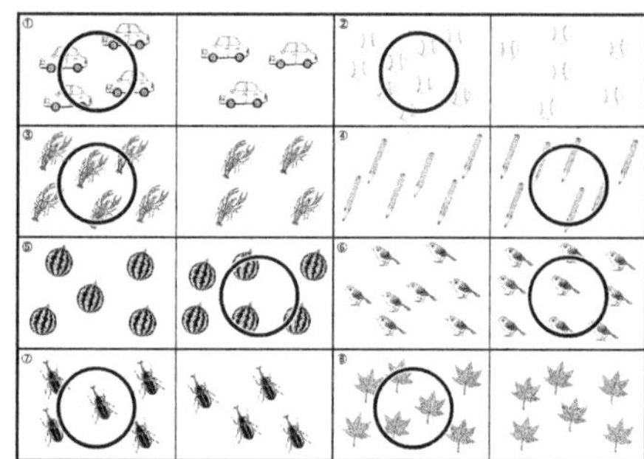
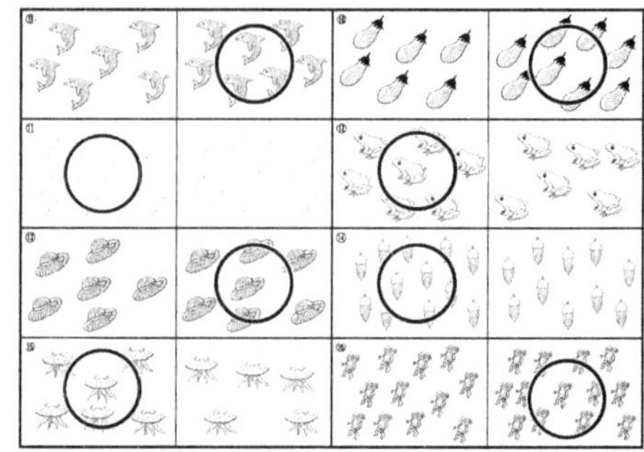

学習のポイント

数の多少を比べる、数を分けるなど、数量分野の問題です。数量の問題では、基本的な計数の知識がなければ解答できません。こうした数の知識がまだ身に付いていないようであれば、答え合わせの時に、おはじきなどの具体物を使って、計数を解説するところから始めてください。方法の１つとしては、まず左側の絵の上に同じ数のおはじきを置きます。次に、そのおはじきを右側の絵の上に１個ずつ移動させます。これを繰り返して、すべてのおはじきが移動したら右側の絵に○、おはじきが余ったら、左側の絵に○、このような解説方法なら、実際に「数の比較」が理解しやすくなるでしょう。

【おすすめ問題集】

Ｊｒ・ウォッチャー14「数える」、40「数を分ける」

問題4　分野：常識（理科）

〈準備〉　鉛筆

〈問題〉　①ビー玉を入れたとき、水の高さが１番高くなるものに、○をつけて下さい。
②ビー玉を入れたとき、水の高さが２番目に高くなるものに、○をつけて下さい。

〈時間〉　各20秒

〈解答〉　①右端　②右端

学習のポイント

本問では、理科的な知識が必要です。日常生活で、ジュースや水に氷を入れたとき、中身があふれたことはありませんか。このような経験は考えるヒントになります。本問に限らず、このような常識分野の問題には、普段の生活から学べることが多々あります。対策としては、図鑑を読むこと、外に出て自然を観察すること、家でのお手伝いなどがあります。身の回りにあるものから知識を付けていきましょう。

【おすすめ問題集】

Ｊｒ・ウォッチャー27「理科」、55「理科②」

問題5　分野：常識（理科）

〈準備〉　鉛筆

〈問題〉　線のところで切ったとき、切り口が円形になる野菜を全部選んで、○をつけてください。

〈時間〉　30秒

〈解答〉　下図参照

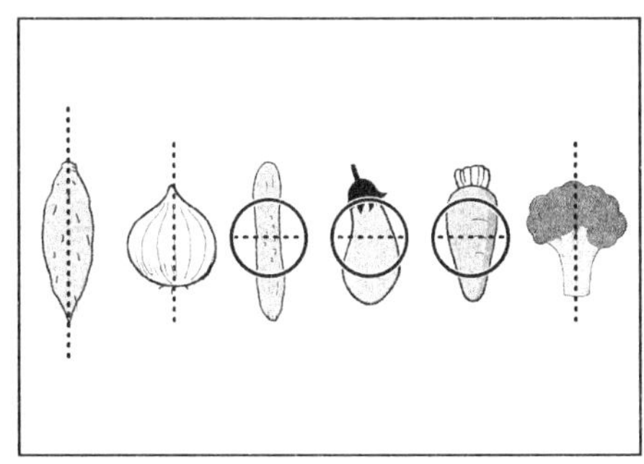

学習のポイント

この問題を言葉で説明しようとしても、なかなかお子さまの理解は得られないでしょう。ですから、実際にお子さま自身に野菜を切らせて、断面がどうなっているかを確認せるさることをおすすめいたします。お子さまに切らせる前に、どうなっているのか、予想させてみるのもおすすめです。また、食べ物の断面の問題は、さまざまな学校で出題されていますが、ほとんどの学校で、縦か横に切ったときの断面を問題にしています。では、斜めに切るとどうなるでしょう。そのような質問をお子さまに投げかけ、お子さまの興味を刺激してみてはいかがでしょう。学力を伸ばすには、興味や関心を刺激してあげることも大切です。興味や関心を持てば、お子さまは能動的に知識を求めると思います。保護者の方はお子さまがそうなるような環境作りを心がけてください。

【おすすめ問題集】

Ｊｒ・ウォッチャー27「理科」、55「理科②」

問題6　分野：系列

〈準備〉　鉛筆

〈問題〉　上の絵をみてください。？のところに入る模様を下の絵の中から選んで、○をつけて下さい。

〈時間〉　各15秒

〈解答〉　下図参照

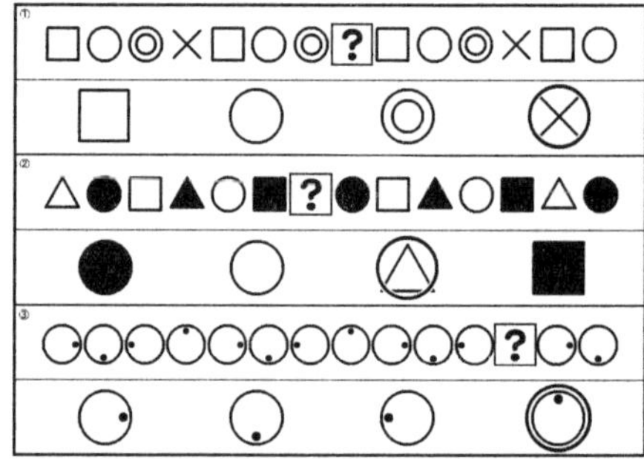

学習のポイント

「系列」分野の問題では、まず、どのような法則で並んでいるのかを考えましょう。お子さまがこの種の問題を苦手とするようであれば、白い紙に同じ図形（円など）を一直線に並べたものを３色程度の色で塗り分け、法則性を見つけさせることからはじめてください。記号や図形の前後だけを見て、お約束を見つけるといったペーパー問題を解く上でのテクニックを身に付けるのではなく、「観察して、そこに何らかの法則を発見する」といった、学習の基礎を身につけるようにしましょう。問題の数をこなしていけば、並び方のパターンが自然とわかるようになります。

【おすすめ問題集】
Ｊｒ・ウォッチャー６「系列」、31「推理思考」

問題7　分野：記憶（聞く記憶）

〈準備〉　鉛筆

〈問題〉　お話をよく聞いて、後の質問に答えてください。

お父さんと弟と私は家にいましたが、お父さんは出かけました。お母さんが帰ってきました。

（問題７の絵を渡す）
今、家には誰がいますか。正しいものに○をつけて下さい。

〈時間〉　15秒

〈解答〉　右下に○

学習のポイント

聞く記憶の問題です。お話の記憶の問題についてもそうですが、記憶する力は一朝一夕では身につきません。単純な絵や図形、お子さまが関心を持っている分野の絵などから始め、少しずつ練習していきましょう。はじめのうちは、時間がかかっても完全に覚えることを目指し、時間制限はある程度慣れてから設けるとよいでしょう。全体をおおまかに捉えてから細部を見ていく方法や、選択肢として描かれているものをすべて言葉にするなど、さまざまな方法を試しながら、覚えやすい方法を探していってください。

【おすすめ問題集】

Ｊｒ・ウォッチャー20「見る記憶・聴く記憶」

問題8　分野：言語

〈準備〉　鉛筆

〈問題〉　左の絵と同じ言葉で表すものを、右の絵の中から選んで○をつけてください。

〈時間〉　15秒

〈解答〉　①右端（ガラガラ）　②左端（パチパチ）

学習のポイント

言語分野の問題では、年齢相応の語彙力と、言葉を音の集合として理解できているかが問われています。つまり、日常生活の中で必要とされる言葉を増やしてきたか、言葉を使った遊びなどを通して、言葉と積極的に関わってきたかどうかが観られていると言えます。ですので、机の上での学習をする必要はありません。日常生活や遊びの中で、語彙力を身に付けていくようにしましょう。その際、保護者の方や志願者の身近にいる方は、正式な名称を志願者に教えてあげましょう。地域特有の言い方、家庭内でしか伝わらない言い方などは試験では通用しません。

【おすすめ問題集】

Ｊｒ・ウォッチャー12「日常生活」、18「いろいろな言葉」

問題9 分野：行動観察

〈準備〉 ゼッケン（色つき）、机、おはじき、箱4つ（おはじきサッカーのゴール用）的当て用の的、ボール、ダンボール（複数）、ウッドブロック マラカス(2つで1セット)、小さい太鼓、大きい太鼓

〈問題〉 2チームに分かれて行う。入室後、チームの色のリングに入り、2チーム揃ったところで説明が始まる。

これからは遊びの時間です。1つずつ、遊びの説明をします。

①おはじきサッカー
机の下4カ所に箱がついてあり、そこをめがけておはじきをはじいて入れる。
②的当て
線から出ないように、的をめがけてボールを投げる。
ボールは一度に何個でも持ってよい。
③ダンボール積み
4カ所に基準となるダンボールが設置されてあり、その上にダンボールを積んでいく。
④楽器演奏
ウッドブロック(1個)・マラカス(2つで1セット)・小さい太鼓(1個)・大きい太鼓(1個)が置いてあり、映像に合わせて楽器を鳴らす。

終わりです、と言うまで、自由に遊んでください。先生が手を上げたらゲームをやめて、使ったものを片付けてください。

〈時間〉 適宜

〈解答〉 省略

学習のポイント

行動観察の試験では、課題に取り組む姿勢や集団の中における振る舞いから、主に小学校生活への適応能力を観られています。まずは先生の指示をしっかりと聞き、課題に取り組んでください。その他にも、お友だちと円滑にコミュニケーションを取る社会性、ゲームを成立させチームの一員として行動する協調性、役割を自ら見つける自立性、意見やアイデアを出し率先して行動する積極性、リーダーシップ、他者を尊重する姿勢など、評価のポイントは多岐に渡ります。日頃から、家族とのコミュニケーションやお友だちとの遊びの時間を大切にし、集団生活での振る舞いをお子さまが自ら学んでいけるようにしてください。その過程において、お子さまの自立も促されるでしょう。なお、このような勝負の要素のある課題では、しばしば勝ちたいあまりに言動が荒っぽくなる受験生も見られます。お子さまにその傾向があるようでしたら、勝ち負けよりもルール・マナーの順守を優先しなければならないことを、お子さまなりに理解できるように指導しておきましょう。

【おすすめ問題集】
Jr・ウォッチャー29「行動観察」、56「ルールとマナー」

問題10　分野：面接

〈準備〉　なし

〈問題〉　**この問題の絵はありません。**

【両親へ】
・お子さまと一緒に遊んだりする中で、これは大変だなと思うことはどんな事ですか。
・願書に様々な思いが詰まっていますが、お二人で考えられたのですか。
・人生の中で辛いことも起こってしまうかもしれません。そういう時にどう対処しますか。夫婦で相談したりしますか。
・結婚して、子どもができて、お互いの気持ちの変化はありますか。

【父親へ】
・お仕事では、たくさんの人の意見をまとめなくてはいけないと思いますが、どのようにされているのですか。
・家庭での役割分担を教えてください。
・注意する際に気をつけていることは何ですか。
・お子さんらしいエピソードを教えてください。

【母親へ】
・なぜ南山小にしたのですか。本人が決めたのですか。
・お母さんの働き方はどんな様子ですか。
・先ほど、喧嘩になった時に娘さんが「譲ります」とおっしゃっていました。それはとても素晴らしいですが、我慢をし過ぎていると思うときはありますか。
・お子さんに幼稚園で嫌なことがあると言われたら、どんな風に接しますか。

【志願者へ】
・お名前を教えてください。
・お父さんとお母さんの名前を教えてください。
・今日の洋服は誰に着せてもらいましたか。
・幼稚園では何をして遊んでいますか。
・お父さんとお母さんに褒められたことはどんなことですか。
・お父さんとお母さんの好きなところを教えてください。
・お父さんとお母さんはお家で何をしていますか。
・最近家族で行ったところで楽しかったところはどこですか。

〈時間〉　適宜

〈解答〉　省略

学習のポイント

面接試験はお子さまと同様に、ご両親の比重も大きいです。お子さまとご両親が本校の教育理念と校風に合っているか、また、ご家庭で日頃より会話があるかなどを見る試験です。面接試験は日頃の家庭の雰囲気がそのまま現れますので、入室時のご家族の雰囲気・印象が大切です。質問については、志願書の自由記入欄の内容から質問されることが多く、質問の答えに対し会話形式で、さらに詳しく聞かれます。また、質問の内容は、「お父さんがいつも言っていることは何ですか」というような抽象的な質問が多いです。回答の内容に加え、それを話すときのお子さまや両親の表情・雰囲気も観られています。面接は練習を重ねることに加え、受験すると決めた時からご家族でよく話し合い、受験のことに限らず何でも意見、価値観を共有するとよいでしょう。

【おすすめ問題集】
新 小学校受験の入試面接Q＆A、家庭で行う面接テスト問題集、
保護者のための面接最強マニュアル

問題11　分野：お話の記憶

〈準備〉　鉛筆

〈問題〉　お話をよく聞いて、後の質問に答えてください。

明日は、クリスマスです。みなみさんは、クリスマスツリーに飾り付けをしていましたが、飾りが足りなくなってしまったので、明日、デパートへ買いに行くことにしました。しかし、次の日は、雪が降り積もってしまい、買いに行くことができませんでした。そこで、みなみさんは、弟と一緒に、折り紙でクリスマスツリーの飾りを作ることにしました。みなみさんは、茶色と緑色と水色の折り紙でツリーを作りました。そして、最後に黄色い折り紙で星を１つ作って、ツリーのてっぺんにつけました。弟は、赤い折り紙で、サンタさんのブーツとろうそくを作りました。お母さんが「すごいね」とほめてくれました。クリスマスの日には、お母さんが焼いた七面鳥を食べて、家族みんなでクリスマスを楽しみました。

①みなみさんと一緒に折り紙でツリーの飾りを作った人は誰ですか。○をつけてください。
②お話に出てきた料理は何ですか。○をつけてください。
③みなみさんと弟が作った折り紙のツリーはどれですか。○をつけてください。

〈時間〉　各15秒

〈解答〉　①左端　②右端　③中央

［2022年度出題］

学習のポイント

お話の記憶としては基本的なレベルの問題です。お話の終盤に登場する「七面鳥」は、お子さまにとって聞き慣れない言葉かもしれません。このような場合、消去法を用いて対応すると答えが見つかると思います。本問題は、登場人物の人数や、クリスマスツリーの飾り付けの種類など、お話に含まれる要素が少なく、比較的解きやすい問題になっています。聞き慣れない言葉に動揺せず、落ち着いて対処できるよう心がけましょう。基本となる読み聞かせを、毎日、行うことをおすすめ致します。

【おすすめ問題集】

1話5分の読み聞かせ集①②

Ｊｒ・ウォッチャー19「お話の記憶」、20「見る記憶・聴く記憶」

家庭学習のコツ①　「先輩ママのアドバイス」を読みましょう！

本書冒頭の「先輩ママのアドバイス」には、実際に試験を経験された方の貴重なお話が掲載されています。対策学習への取り組み方だけでなく、試験場の雰囲気や会場での過ごし方、お子さまの健康管理、家庭学習の方法など、さまざまなことがらについてのアドバイスもあります。先輩ママの体験談、アドバイスに学び、ステップアップを図りましょう！

問題12　分野：図形（展開）

〈準備〉　鉛筆

〈問題〉　上の太線の中の絵を見てください。歯ブラシの隣には縦の線が２本、コップの隣には縦の線が１本、ハサミの隣は○、消しゴムの隣は×が書かれています。このお約束の通りに下の絵の四角の中に印を書きましょう。

〈時間〉　２分

〈解答〉　下図参照

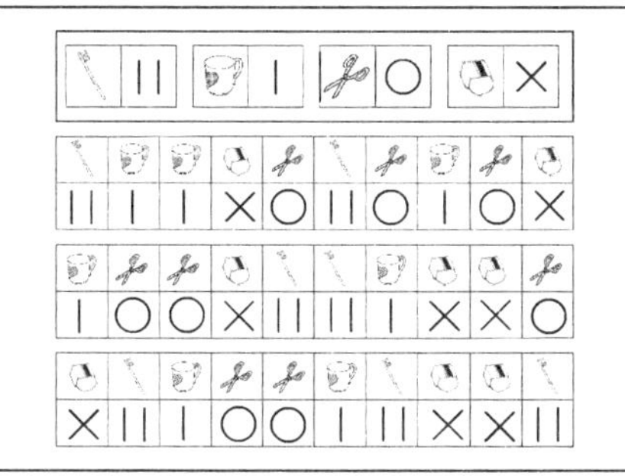

［2022年度出題］

学習のポイント

指示通りに記号を書く問題です。本問題では、問題を解くスピードだけでなく、記憶力と正確さも求められます。制限時間は決して長くないため、類題をくり返し解いて練習することをおすすめします。また、問題を解く際、順番通りに置き換えるのではなく、はさみの絵全てに○、消しゴムの絵全てに×、といった解き方も可能です。解答の正確さに難を感じる場合、このような解き方も試してみましょう。

【おすすめ問題集】

Ｊｒ・ウォッチャー57「置き換え」

家庭学習のコツ②　**「家庭学習ガイド」はママの味方！**

問題演習を始める前に、試験の概要をまとめた「家庭学習ガイド（本書カラーページに掲載）」を読みましょう。「家庭学習ガイド」には、応募者数や試験課目の詳細のほか、学習を進める上で重要な情報が掲載されています。それらの情報で入試の傾向をつかみ、学習の方針を立ててから、対策学習を始めてください。

問題13　分野：言語

〈準 備〉　鉛筆

〈問 題〉　この絵の中で、「のぼる」という表現をするものには○、「ねじる」という表現をするものには×をつけてください。

〈時 間〉　１分

〈解 答〉　下図参照

［2022年度出題］

学習のポイント

「のぼる」は、漢字で書くと、「上る」「登る」「昇る」があります。同じ音ですが、意味が違うと同時に漢字も違います。「階段を上る」「山を登る」までは、わかりやすいかと思いますが、「日が昇る」は、お子さまには少々難しかったかもしれません。「ねじる」も、作業として理解できたでしょうか。似たような言葉に「ひねる」という言葉もあります。「ねじる」は、多少力を加え、一方向ではなく両端から回すという時に使われ、「ひねる」は、ある程度楽に回転するように作られたものに用いられる用語です。大人でも使い方を間違えることがあります。日本語の語彙を増やすためにも、お子さまには沢山の言葉を使った会話を心がけてください。

【おすすめ問題集】
　Ｊｒ・ウォッチャー17「言葉の音遊び」、18「いろいろな言葉」

問題14　分野：記憶

〈準 備〉　鉛筆

〈問 題〉　ハトの兄弟が仲良く暮らしているお家は、黒い屋根のお家です。屋根には長四角の煙突がついています。お家は、2階建てで、１階は四角い窓が2つ、2階には四角い窓が3つあり、窓は全部で5つです。窓にはカーテンがかかっています。今のお話に合う、ハトの兄弟のお家はどれですか。○をつけてください。

〈時 間〉　各15秒

〈解 答〉　下段右端

［2022年度出題］

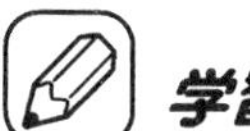

学習のポイント

お話の記憶の問題です。ハト兄弟のお家の条件をしっかりと聴き取ることが、解答のポイントとなります。解答には、似たようなお家が並んでいるので、曖昧な記憶では、選択することが難しいでしょう。このような、複数の条件の中から答えを探す問題は、基本的にお話を聞きながら、消去法で選んでいくやり方をおすすめします。説明を基に、当てはまらない絵を、解答用紙を見ながら、目で消去していきます。「長四角の煙突」という条件が出てきたとき、5つの選択肢から２つは除外することができます。順に条件を当てはめていくと、答えとなるものが残ります。解き方は他にもありますが、一例として紹介しておきますので、参考にしてください。

【おすすめ問題集】

Ｊｒ・ウォッチャー18「いろいろな言葉」、19「お話の記憶」、
20「見る記憶・聴く記憶」

問題15　分野：比較

〈準備〉　鉛筆

〈問題〉　５匹の動物が、それぞれ風船を持っています。この絵を見て次の質問に答えてください。
①１番大きい風船に○をつけてください。
②２番目に長いひもの風船を持っている動物に△をつけてください。
③１番長いひもの風船を持っている動物に□をつけてください。

〈時間〉　15秒

〈解答〉　下図参照

［2022年度出題］

学習のポイント

長さや大きさの比較です。「１番長い・１番大きいもの」という問題であれば、わかりやすいのですが、必ずしもそれが問われるとは限りません。この問題で要注意の問題は設問②です。最初の問題では、風船に〇をつけました。しかも一番大きい風船です。設問①を引きずったお子様は、この問題で風船に印を書いたり、一番長いひもの絵に解答記号を書いている可能性があります。このような点が見られたら要チェックです。このようなことは、問題をしっかりと聞き取っていないことを起因とする間違いです。これは、途中で修正がなされたとしても同様です。問題を正確に聞き取らない場合は、他の問題においても起こりうるミスであり、大きな減点につながります。そうならないようにしっかりと聞き取る習慣をつけましょう。

【おすすめ問題集】

Ｊｒ・ウォッチャー15「比較」

問題16　分野：巧緻性（運筆）

〈準備〉　鉛筆

〈問題〉　白い星から黒い星まで、鉛筆を離さずにしっかりと点線をなぞってください。

〈時間〉　１分15秒

〈解答〉　省略

［2022年度出題］

学習のポイント

運筆の問題において、「なぞる」問題はよく出題されます。難易度は高くありませんが、集中力が試されます。お子さまが姿勢を正し、しっかりと点に沿ってなぞることができるかが重要なポイントです。最後まで集中力を切らさずに、４種類の線を書くことは難しいと思います。焦らず、取り組みましょう。指示には「鉛筆を離さずになぞってください。」とありますので、ひと筆で書きましょう。下の黒星までなぞることができるように、練習をしましょう。チェックポイントは、筆圧、点線の上をしっかりとなぞれているか、スピード、正しい姿勢、鉛筆の正しい持ち方ができているかなどが挙げられます。

【おすすめ問題集】

Ｊｒ・ウォッチャー51「運筆①」、52「運筆②」

問題17　分野：数量

〈準備〉　鉛筆

〈問題〉　それぞれの四角の中にあるものを数えて、数の多い方の絵の下の四角に○をつけてください。問題は、4枚ありますので、「やめ」と言われるまで、できるだけ沢山やりましょう。

〈時間〉　2分

〈解答〉　下図参照

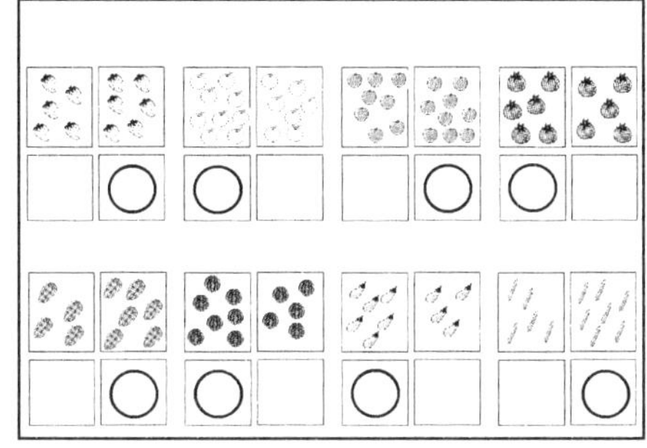
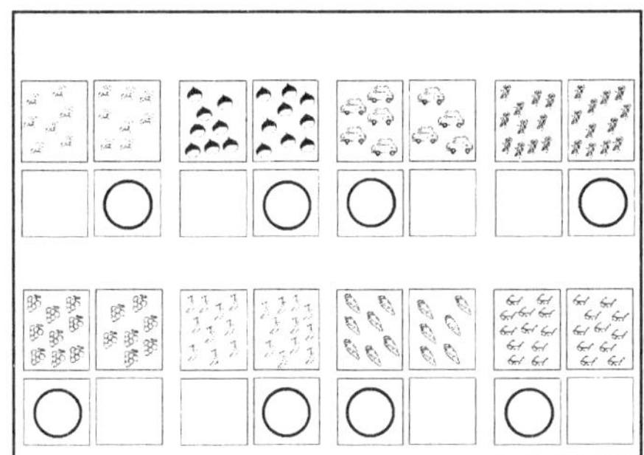
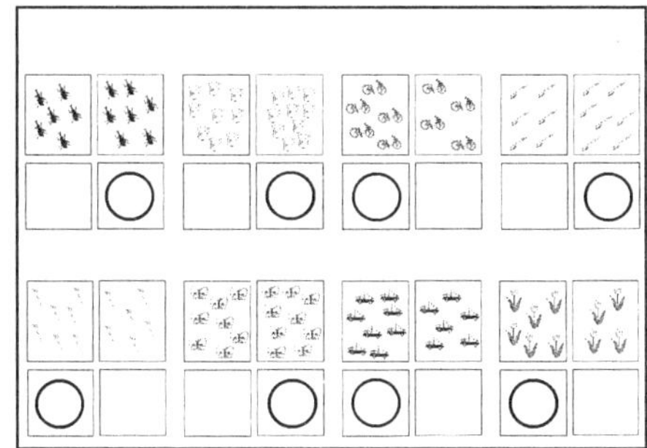
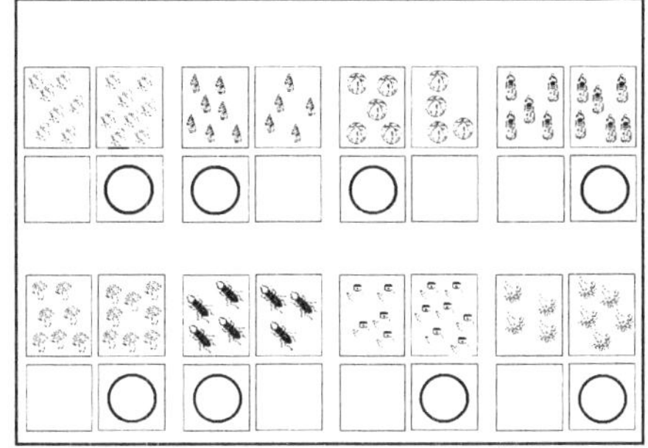

［2022年度出題］

学習のポイント

4枚にわたる、数の大小を求める問題です。「やめ」と言われるまで解いていく必要があります。この指示を理解できていないと、1枚だけ終えて、そのまま時間が来るのを待ってしまうこともありますので、指示をしっかりと聞くよう心がけましょう。2つの絵を見比べて、多い方に○を書くという問題ですが、焦って○の形が歪になってしまう場合があります。○は下から書き始め、下できちんと留め合わせます。歪な記号は採点者によくない印象を与えるため、気をつけたいポイントの一つです。また、問題数があるので、スピードも要求されます。類題を繰り返し練習してください。時間内に解き終えた問題は、全問正解を目指しましょう。

【おすすめ問題集】

Ｊｒ・ウォッチャー14「数える」、15「比較」

問題18　分野：行動観察・運動

〈準　備〉　段ボール、ゼッケン、「南の島のカメハメハ大王」の曲

〈問　題〉　『障害物ランニング』
教室を囲むように、段ボールが間隔を空けて置いてあります。スタート地点は2か所です。音楽「南の島のカメハメハ大王」の曲が流れ、スタートの合図とともに、ひとりずつ順番に、走りながら段ボールを飛び越えていきます。音楽が止まるまで走り続けましょう。走っている途中に笛が鳴ったら、その時は止まってください。前にいるお友だちを抜かしてはいけません。

〈時　間〉　３分

〈解　答〉　省略

[2022年度出題]

学習のポイント

一見、競争のようですが、順位は関係ありません。集団行動でのルールやマナー、お友だちへの配慮、体力、バランス感覚等を観る問題です。２地点から同時にスタートするので、当然、運動神経の良いお子さまは、自分の前の人の真後ろまで追い付いてしまうかもしれません。そのような時は、お約束を思い出し、ルールを遵守して取り組んでください。また、ゆっくり確実に飛び越すタイプのお子さまは、周りのお友だちの様子も伺いスピードを調整できるような配慮ができるとよいです。一番肝心なことは、楽しくなりすぎて、声が出てしまうことや、ふざけてしまうことです。分別をきちんとつけて臨みましょう。

【おすすめ問題集】
Ｊｒ・ウォッチャー29「行動観察」、56「ルールとマナー」

問題19　行動観察（集団行動、マナー・ルール）

〈準　備〉　空き缶適当数（青と赤の350ml缶、白の500ml缶）、カゴ３つ、画用紙２枚

〈問　題〉　『缶積み』
ゼッケン番号前半は赤缶グループ、後半は青缶グループに分かれます。３つのカゴに、赤缶・青缶・白缶がバラバラに入っています。ゼッケン番号順ではなく、列に並んだ順にスタートします。画用紙の上に、自分のグループの色と同じ色の缶を3つ積み上げます。ただし、白い缶はどちらのグループも使うことができます。白缶は、少し背が高いので、ひとり1缶までしか使えません。3つ積んだら、列に戻り体操座りをして待ちます。時間内に高く積み上げたグループの勝ちとなります。

〈時　間〉　10分

〈解　答〉　省略

[2022年度出題]

学習のポイント

走り出す順番が「並んだ順」ということが特徴的です。ルールを理解し、積極的なお子さまは、恐らく先頭に並ぶでしょう。控え目で、ルールを把握しきれていないお子さまは、後ろに並ぶかと思います。競争心から、缶積みが雑になりやすいので、次に積み上げる人のためにも、歪んでいないか、確認してからバトンタッチしましょう。また、白缶は、高さは稼げますが、不安定になりがちです。白缶はひとり１缶のお約束ですが、熱の入るあまり、ルールを忘れてしまうこともあります。終わった後の体育座りも、足を開いたり、砕けた姿勢にならないよう心がけましょう。勝っても負けても、お互いのグループに拍手することも忘れないようにしましょう。

【おすすめ問題集】

Ｊｒ・ウォッチャー29「行動観察」、56「ルールとマナー」

家庭学習のコツ③　効果的な学習方法～問題集を通読する

過去問題集を始めるにあたり、いきなり問題に取り組んではいませんか？　それでは本書を有効活用しているとは言えません。まず、保護者の方が、すべてを一通り読み、当校の傾向、ポイント、問題のアドバイスを頭に入れてください。そうすることにより、保護者の方の指導力がアップします。また、日常生活のさまざまなことから、保護者の方自身が「作問」することができるようになっていきます。

問題20　分野：生活巧緻性

〈準 備〉　なし

〈問 題〉　**この問題の絵はありません。**

【両親へ】
・お休みの日のお子様との過ごし方は、どのように考えられていますか。
・家族のコミュニケーションで、何か気を付けていることはありますか。
・最近のお子さまらしいエピソードを教えてください。
・愛情をどのように伝えていますか。
・お子様の宝物を知っていますか。
・お子様を育てていくうえで、どのような社会貢献を考えているか、エピソードを交えて教えてください。
・公立ではなく、私立の本校を選ばれた理由を教えてください。

【父親へ】
・本校はキリスト教精神に基づき、学校教育を行っていることはご存じだと思いますが、キリスト教については、どのようなイメージを持たれていますか。
・（インターナショナル幼稚園に通われている方に対して）
インターナショナルスクールを選ばれた特別な理由な何かありますか。
・お子さまは、幼稚園でどのようにお友だちと関わっていますか。
・進学に関して、兄弟で、行きたい学校が違った時は、どうされますか。

【母親へ】
・お通いの幼稚園の大体の園児数をご存じですか。
・お子さまは、お友だちを引っ張るタイプですか。ついていくタイプですか。
・お子さまには、将来どういう人になって欲しいと思っておられますか。

【志願者へ】
・朝ごはんは、何を食べましたか。
・幼稚園・保育園で、仲の良いお友だちを3人教えてください。
・幼稚園・保育園では、何をして遊びますか。
・幼稚園・保育園のことをお父さまやお母さまにお話ししますか。
・最近のお休みの日の中で、どこへ遊びに行ったのが楽しかったですか。
・最近、叱られたことがありますか。あれば、どんなことで叱られたか教えてください。
・習い事をしていますか。習い事をしているのであれば、どの習い事が一番好きですか。
・お父さま、お母さまの好きなところはどんなところですか。

〈時 間〉　15分

〈解 答〉　省略

［2022年度出題］

学習のポイント

例年通り、面接官３名と保護者と志願者という形式での面接でした。質問される内容は、願書に記入された内容が多いため、願書のコピーを必ず取り、面接の前に読み直すようにしましょう。面接では、形式的な答えを用意するのではなく、保護者間できちんと考えを共有し、父親・母親どちらに質問されても、同じ考えを述べられるように準備しましょう。質問内容は多岐にわたります。ですから、あらかじめ過去の質問内容を参考に、保護者間で話し合いを行い、どのような質問がされても対応できるようにしましょう。その理由には2つあります。一つは今述べた、どのような質問がされても対応できるようにすることです。もう一つは、面接で大切なことは、回答した内容もさることながら、回答の背景、保護者の方の信念が見えることが大切です。この点を強化するには、面接前にしっかりと保護者間で話し合い、自分たちの育児、教育、躾、家族のあり方などに自信を持つことです。こうした回答の背景に当たる部分がどうであるかはとても重要です。

【おすすめ問題集】
新 小学校受験の入試面接Ｑ＆Ａ、家庭で行う面接テスト問題集、
保護者のための面接最強マニュアル

〈名進研小学校〉

※問題を始める前に、本書冒頭の「本書ご使用方法」「本書ご使用にあたっての注意点」をご覧ください。
※本校の考査は鉛筆を使用します。間違えた場合は消しゴムで消し、正しい答えを書くよう指導してください。

保護者の方は、別紙の「家庭学習ガイド」「合格ためのアドバイス」を先にお読みください。当校の対策および学習を進めていく上で役立つ内容です。ぜひご覧ください。

2023年度の最新問題

問題21　分野：お話の記憶

〈準　備〉　クーピーペン

〈問　題〉　お話を聞いて、後の質問に答えて下さい。

クリスマスの時、花子さんの家におじいちゃんとおばあちゃんが来ました。花子さんはおばあちゃんにお菓子セットを3袋プレゼントしてもらいました。お父さん、お母さんも一緒にご飯を食べて、プレゼントに鉛筆をお願いして早く寝ました。

①椅子を何個用意すればいいですか。同じ数の積み木に○をつけましょう。
②花子さんがサンタさんにお願いしたプレゼントに○をつけましょう。
③おばあちゃんがくれたお菓子のセットは何個ですか。その数だけ○を描いてください
④去年おばあちゃんとおじいちゃんに会ったのは4月でした。同じ季節の絵に赤いクーピーペンで○をつけてください。

〈時　間〉　各15秒

〈解　答〉　下図参照

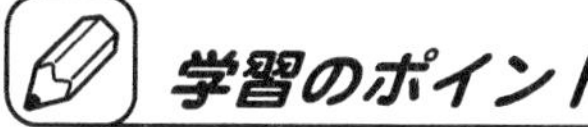

当校のお話の記憶の問題は、比較的短めのお話ですが、その分、解答のヒントや、解答に該当する言葉が１度しか出てこないことがほとんどです。このような問題の場合、細かい部分まで聞き逃さない集中力が求められますが、それと同時にお話の流れを記憶する力も必要となります。その力を養うためには、日ごろの読み聞かせが役立ちます。単にお話を聞くことを繰り返すのではなく、「イメージしながら聞く」ことを意識させ、習慣づけましょう。お子さまが読み聞かせにまだ慣れていない時は、お話の情景を思い浮かべやすいように、ゆっくりと、抑揚をつけて読み上げてください。また、お話の途中や読み終わった後に、お話に関する質問をすることで、内容の記憶や理解、感想を確認してみましょう。上手に聞き取れるようになった段階で、読むスピードを上げたり、抑揚のつけ方を抑えて、入試本番に近い出題方法を試してください。

【おすすめ問題集】

１話５分の読み聞かせお話集①・②、お話の記憶問題集 初級編・中級編、
Ｊｒ・ウォッチャー19「お話の記憶」、34「季節」

問題22　分野：お話の記憶

〈準備〉　クーピーペン

〈問題〉　お話を聞いて、後の質問に答えて下さい。

ネコのにゃんたくんは、芋掘りをするのが楽しみで、わくわくしながら幼稚園に行きました。門の前ではウシとゾウの友だちが待っていました。お母さんはにゃんたくんが元気いっぱいに芋を掘れるように、にゃんたくんが好きなお弁当を作ってくれました。お弁当はおにぎり5個とハンバーグとソーセージと卵焼きでした。うさちゃんは11本、にゃんたくんは13本芋を取りました。そのあと幼稚園に戻り、ライオンくんの隣で仲良くお弁当をペロっと全部食べました。家に帰ってにゃんたくんはお母さんにサツマイモを見せて、「夜ご飯はサツマイモご飯にしたいな、お母さんが作るサツマイモサラダも食べたいな、残りはスイートポテトにしたいな」と言いました。にゃんたくんのお母さんはおやつに焼き芋を、残りは夜のおみそ汁とサラダにしてくれました。。

①うさちゃんが掘ったサツマイモの数はいくつでしょう。その数だけ、四角の中に○を描いてください
②お弁当に入っていなかったものはどれですか。絵の中から選んで、○をつけてください。
③サツマイモを切った絵はどれですか。○をつけましょう。
④さつまいもの葉っぱに色を塗りましょう。
⑤このお話の季節に関係のないものに、赤色のクーピーで○をつけましょう。

〈時間〉　各15秒

〈解答〉　下図参照

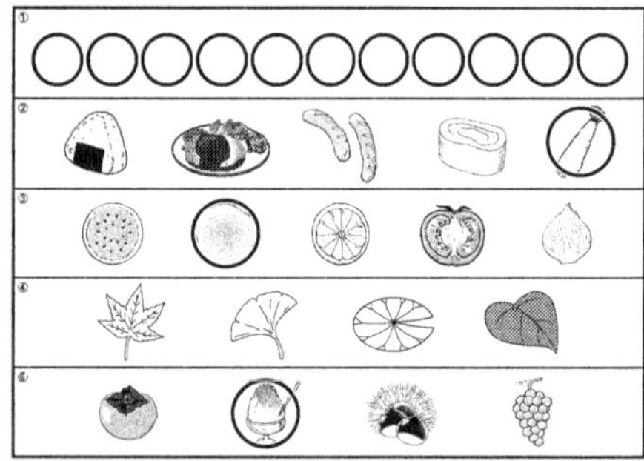

学習のポイント

当校のお話の記憶の問題は、一般的な小学校受験のお話よりは短いお話が例年出題されています。設問の特徴として、お話に出てきたものの色を塗る問題があります。お話の細かいところまで聞き取る必要がありますが、聞き取り方を工夫すればそこまで難しいものではありません。その工夫の１つにお話をイメージするという方法があります。保護者の方はふだんの読み聞かせの後や途中で、お子さまに質問をしてみてください。お子さまはその質問に答えようと頭の中でお話を思い出そうとします。これを繰り返し行っていけば、お話の記憶が残りやすくなるでしょう。

【おすすめ問題集】
　１話５分の読み聞かせお話集①・②、お話の記憶問題集 初級編・中級編、
　Ｊｒ・ウォッチャー19「お話の記憶」、34「季節」

問題23　分野：お話の記憶

〈準備〉　クーピーペン

〈問題〉　お話を聞いて、後の質問に答えて下さい。

今日はお月見の日なので、太郎くんはわくわくして早く起きました。お父さんが、「そんなに早く起きてもまだ月は見えないよ。」と言いました。9時になり、おじいちゃんとおばあちゃんが家に来ました。おばあちゃんは酔芙蓉という花を持ってきてくれました。その後、お母さんとススキを3本摘みに行きました。帰ってきて花を見た太郎くんは「白からピンクに色が変わってる。」と言い、ススキを花と一緒の花瓶に入れました。そして、おじいちゃんとお月見団子を11個作って花瓶の隣に飾り、少しお昼寝をしました。夜になると、月を見ながらお団子を食べました。オレンジ色の月はだんだん上に上がって黄色になりました。

①お月見に関係のあるものに○をつけましょう。
②月は何色から黄色に変わりましたか。その色のクーピーで月を塗りましょう。
③ススキは何本摘みましたか。その数だけ丸を書きましょう。
④お月見団子は誰と作りましたか。その絵に○をつけましょう。

〈時間〉　各15秒

〈解答〉　下図参照

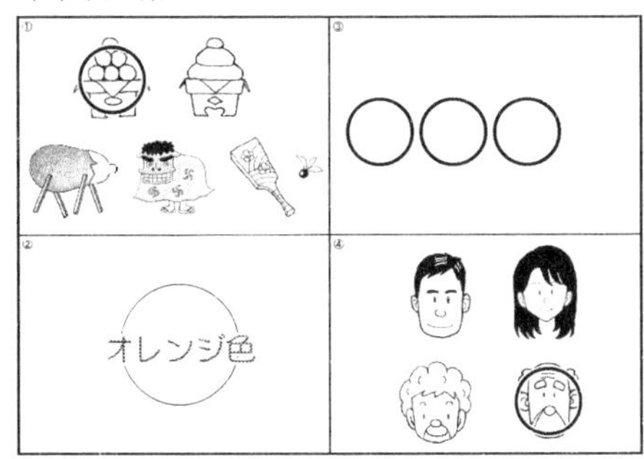

学習のポイント

当校のお話の記憶の問題では、短いお話から４～５問程度質問をされます。お話の細かい描写からの質問が多く、それらを覚えられるだけの記憶力、お話を聞くときの集中力の高さが求められています。本問では具体的に、月の色や、摘んだススキの本数などをたずねる問題が出題されました。このような問題の場合、お話に出てきたものの数や色など、質問で扱われやすい情報に気付いたら、お話の流れとあわせて覚えるようにしましょう。ふだんの練習では、場面が変わるところなどで１度お話を止めて、その場面に関する描写からの質問を保護者の方がしてください。この時、いつも同じような質問をすると、「（お話の後で）聞かれそうなこと」がわかるようになります。

【おすすめ問題集】
１話５分の読み聞かせお話集①・②、お話の記憶問題集 初級編・中級編、
Ｊｒ・ウォッチャー19「お話の記憶」、34「季節」

問題24　分野：図形（模写）

〈準備〉　クーピーペン

〈問題〉　左のお手本と同じように、右の四角に書き写して下さい。

〈時間〉　各20秒

〈解答〉　省略

学習のポイント

点図形の問題ですです。左のお手本を見ながら、その通りに線を引いていくという問題なので、それほど難しい問題ではありません。点図形の問題では、座標を意識することが大切になります。座標というのは右から○番目、上から×番目という図形の位置を表すものです。点図形を苦手にしているお子さまは、形を気にしすぎて座標をおろそかにしてしまうことがよくあります。どこから線を引き始めるのかを意識するだけで改善されることも多いので、まずは線の始点を間違えないことを徹底していきましょう。

【おすすめ問題集】
Ｊｒ・ウォッチャー１「点・線図形」、２「座標」

問題25　分野：図形（模写）

〈準備〉　クーピーペン

〈問題〉　左のお手本と同じように、右の四角に書き写して下さい。

〈時間〉　各20秒

〈解答〉　省略

学習のポイント

当校の入試では、例年、多数の図形問題が出題されています。それぞれの問題は異なる課題を扱っており、それらは毎年変わるので、図形分野に関する幅広い学習が求められます。出題されたかどうかにこだわらず、さまざまな図形の問題を練習するようにしてください。本問については、左のお手本を見ながら、その通りに線を引いていくという問題です。正しく線を描き写すには、座標を正確に把握することも大切ですが、線を引く作業そのもの、すなわち運筆も同様に大切です。学習前の準備運動として、簡単な運筆の問題に取り組むなどして対策するとよいでしょう。

【おすすめ問題集】
Ｊｒ・ウォッチャー１「点・線図形」、２「座標」

問題26　分野：図形（パズル）

〈準　備〉　問題26の絵の点線部分を切り取っておく

〈問　題〉　**この問題の絵は縦に使用して下さい。**
上のの見本の通りに、下のピースを組み合わせて、絵を完成させて下さい。

〈時　間〉　30秒

〈解　答〉　省略

学習のポイント

パズルの問題です。パズルや図形合成の問題を頭の中で考える際は、絵や図形の中の特徴的な部分に注目し、その次にほかのピースを見ていくと解きやすくなります。パズルにふだんから親しんでいると、パズルや図形合成への考え方が自然に身に付いていきます。多くの小学校入試の問題を解くために必要となる力は、遊びがベースとなって多くのことが身に付いていきます。できるだけ、さまざまな遊びにふれさせるようにしてください。

【おすすめ問題集】
Ｊｒ・ウォッチャー３「パズル」、９「合成」

問題27　分野：言語

〈準　備〉　クーピーペン

〈問　題〉　絵に描いてあるものを、しりとりになるように、順番に線でつないでください。

〈時　間〉　各15秒

〈解　答〉　下図参照

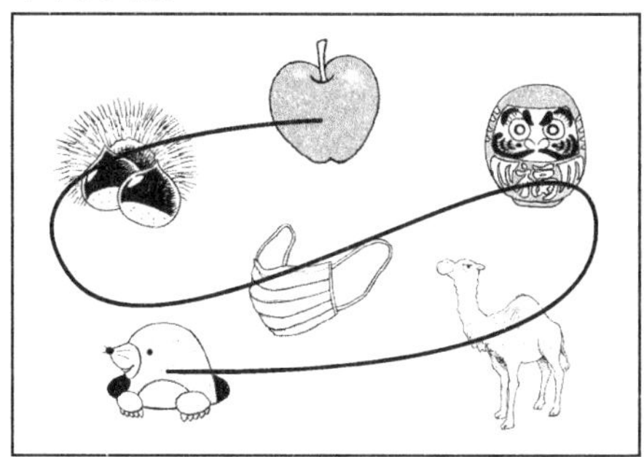

学習のポイント

このような言語の問題では、年齢相応の語彙力が備わっているか、という点が観られています。本問ではかなり基礎的なものについて聞かれているので、問題なく正解したいところです。また、言葉の意味やそれが指すものだけでなく、音についても正しく知っていなければなりません。こうしたことは言葉や絵などで説明するよりも、実際に体験した方がしっかりとお子さまの中に残ります。よく、生活体験を積みましょう、と言われますが、こうした問題のときに生活体験が活きてきます。

【おすすめ問題集】
1話5分の読み聞かせお話集①・②、お話の記憶 初級編・中級編・上級編、
Ｊｒ・ウォッチャー19「お話の記憶」

問題28 分野：制作

〈準 備〉 クーピーペン、はさみ

〈問 題〉 『動物カード作り』
①台紙に描かれた5種類の動物のうち、指示された3種類にだけ色を塗ります。
②黒い枠線をハサミで切り、カードを台紙から切り離してください。

〈時 間〉 適宜

〈解 答〉 省略

学習のポイント

本校の制作能力検査は、制限時間が短いことが特徴です。指示は最後まで集中して聞き、しっかりと内容を把握した上で行動に移しましょう。その際、できるだけ聞き返さないようにしましょう。また、前述した通り制限時間が短く、時間内に終えることができないケースも考えられます。そのような場合でも、途中で投げ出したりせず、できることを最後までやり通しましょう。制作、巧緻性の問題では、はさみやのり、筆記具等、道具の扱いに慣れておく必要があります。普段の生活から、絵画や工作などを遊びの中に取り入れることで、自然と身につくようにするとよいでしょう。その際、前向きな声掛けや努力を認める「保護者の姿勢」が何よりも大切です。

【おすすめ問題集】
Ｊｒ・ウォッチャー23「切る・貼る・塗る」、実践 ゆびさきトレーニング①②③

問題29　分野：運動

〈準備〉　なし

〈問題〉　**この問題の絵はありません。**

『ラジオ体操』

ラジオ体操第一を最初から最後までスクリーンのお手本を見ながら行う。

『ダッシュと運動』

笛の合図でゴールまでダッシュする。その後、

・フープ跳び

・縄跳び（５回）

・ボールドリブル（５回）

・ボール投げキャッチ(5回)

の内から1つ（試験日によって違う）を行い、ダッシュでスタート地点まで戻る。

〈時間〉　適宜

〈解答〉　省略

学習のポイント

2023年度の試験では、ラジオ体操は全員（12名程度のグループ）で行い、その他の運動は半分（6名程度）で行いました。待っている間は、体操座りで待ちます。ダッシュと運動はお手本を先生が見せてくれます。ドリブルで使用したボールの空気があまり入っていない状態で、普段のように上手くドリブルができなかったお子さまもみえたようです。受験運動は「実技ができる・できない」ではなく、「指示通りに動く」「自分をコントロールする力＝自制心を身につけること」が大切です。

【おすすめ問題集】

Ｊｒ・ウォッチャー29「行動観察」

問題30　分野：保護者面接

〈準 備〉　なし

〈問 題〉　**この問題の絵はありません。**

【父親へ】
・私立小受験を決めた時期と私立小学校についてのお考えを聞かせてください。
・併願校はありますか。また、どちらも合格したらどうしますか。
・中学受験をする際に目指している中学校はありますか。
・お子さまの名前の由来を教えてください。

【母親へ】
・通学手段を教えてください。また、小学校生活で心配することはありますか。
・子育てでうれしかったと思えることは何ですか。
・小学校受験で一番大変だったことを教えてください。
・子育てする中で苦労したなと思えることはありますか。

【志願者へ】
・お名前を教えてください。
・誕生日を教えてください。
・幼稚園（保育園）の名前を教えてください。
・お父さんとお母さんのことを何と呼んでいますか。
・お父さん、お母さんからありがとうと言われる時はどんな時ですか。
・大きくなったらどんな大人になりたいですか。
・好きな季節はいつですか。どうしてですか。

学習のポイント

面接試験はお子さま同様、保護者側に求められる内容も大きく、いかにお子さまと保護者が本校の教育理念と校風に合っているかを見る試験だといえます。日頃の家庭の雰囲気がそのままあらわれますので、入室時のご家族の雰囲気、印象が大切です。また、質問の答えの内容だけでなく、話す時のお子さまや両親の表情、雰囲気も観られます。質問内容は共通のものがおおくありますが、併願校について尋ねられるケースがあります。どの学校が第一希望かもよく聞かれますので、答えられるようにしておきましょう。また、中学受験への考えや現段階での志望校、ご両親が中学受験をしたかなども尋ねられることもあります。質問の答えに対し会話形式で、さらに詳しく聞かれることがありますので、どんな形でも対応できるように、ふだんから親子（保護者）の間で意思統一を図っておきましょう。

【おすすめ問題集】
新 小学校受験の入試面接Ｑ＆Ａ、面接最強マニュアル

2022年度の過去問題

問題31　分野：数量

〈準 備〉　鉛筆

〈問 題〉　① 31－1の絵を見てください。右と左の絵では、数はいくつ違いますか。違う数だけ、その下の四角に○を書いてください。
② 31－2の絵を見てください。左端の絵と同じ数の絵を右から選んで、その絵に○をつけましょう。

〈時 間〉　①1分　②20秒

〈解 答〉　下図参照

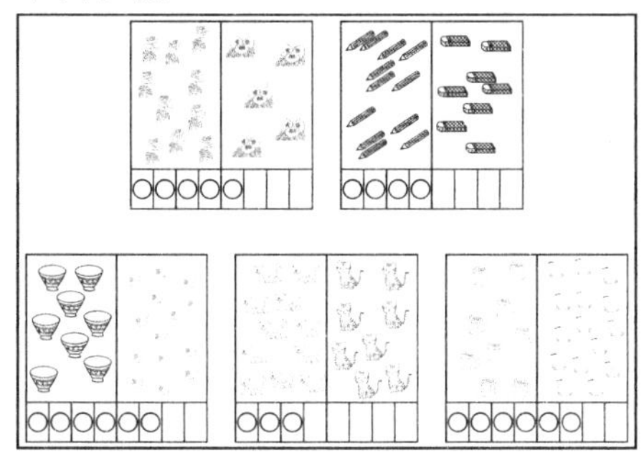

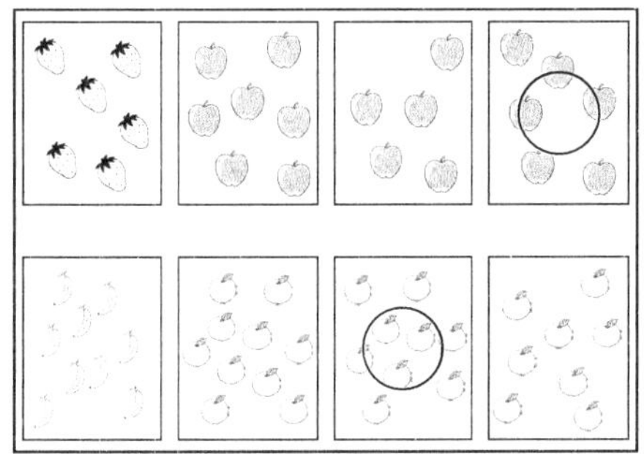

［2022年度出題］

学習のポイント

物を数え、比較することを求められた出題です。数える問題でよく起こるミスは「重複して数える」ことや「数え忘れ」を起因とする数え間違いによるところが多く見られます。こうしたミスを防ぐには、数え方（数える方向・順番）を常に一定にすることです。その上で、数えた物に小さな印をつけることで、二重のチェックが行えます。比較をする場合、様々な方法がありますが、数が多く混乱してしまう場合は、指で両方の絵を同じ数だけ隠し数を少なくして比較をする方法があります。できることなら、一見してどちらの絵が多いかの判断がつくように練習をしましょう。このようになるためには、絵をある程度のグループとして捉えるようになります。そうすることで、同じ数を両方の絵から除外して考えることができるため、答えを導き出すまでの時間の短縮に繋がります。焦らず、少しずつトレーニングしましょう。

【おすすめ問題集】
Ｊｒ・ウォッチャー14「数える」、15「比較」、36「同数発見」、
38「たし算・ひき算１」、39「たし算・ひき算２」

問題32　分野：図形

〈準 備〉　鉛筆

〈問 題〉　①32－1の絵を見てください。積み木の数を数えて、その数だけ右の四角に○を書いてください。
②32－2の絵を見てください。左の積み木を矢印の方向から見た時、どのように見えますか。右側の四角から選んで、○をつけてください。

〈時 間〉　①30秒　②20秒

〈解 答〉　下図参照

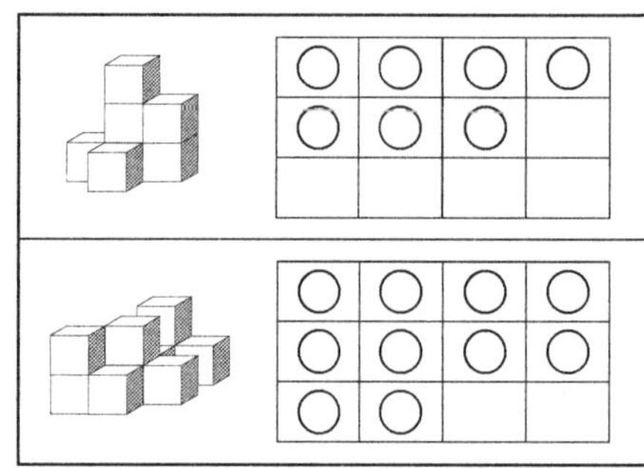

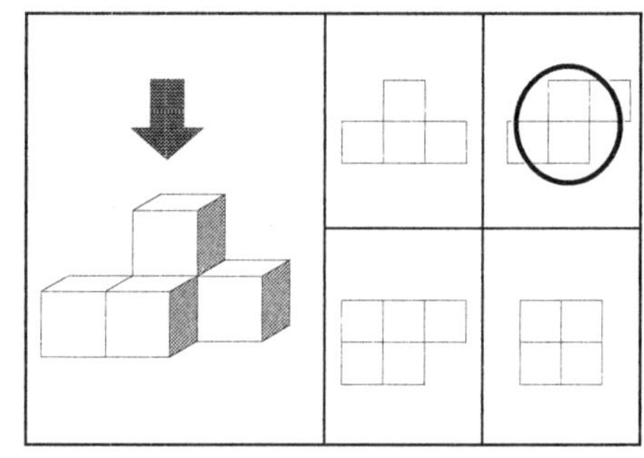

［2022年度出題］

学習のポイント

積み木関連の出題は例年見られるため、しっかりと対策をしておくことが重要です。積み木は、まず高さ（何階建てなのか、と考えます）と奥行の理解が必要ですので、そこの理解が難しいお子さまには、実際に積み木を使って、問題の通りの形が作れるようにすることから始めましょう。四方から観察する際も、同じ方向から見る場合、反対側から見る場合、左右から見る場合の見え方を学んでいく必要があります。また、左右弁別もきちんと理解している必要もあります。これら全ての理解が伴い、頭の中で、矢印の方向からは、どのように見えるのかが、分かってきます。ひとつひとつの理解をしっかり固め、段階を追って進めていきましょう。

【おすすめ問題集】

Ｊｒ・ウォッチャー16「積み木」、53「四方からの観察 積み木編」

問題33　分野：推理（系列）

〈準備〉　鉛筆

〈問題〉　33の絵を見てください。この絵は、あるお約束の順番で並んでいます。
① 四角の中に入る絵を下から選んで、○をつけてください。
② 四角の中に入るものは何でしょうか。絵や記号を書き込んでください。

〈時間〉　1分

〈解答〉　①イチゴ　②△（白い三角形）　③左から△、○、□

［2022年度出題］

学習のポイント

この系列の問題で、やや難しかったのは、2番目の問題でしょうか。基本的な系列問題は、取り掛かり始めのお子さまであれば、両手の人差し指を使って、同じ並びのところをひとつずつ順に指を動かしていって空欄に何が入るかを見つけるようにします。慣れてきたら、指を使わずに、目だけで並びの法則を見つけ、解答できるようになるでしょう。しかし、2番目の問題は、単純ではなく、●△■の並びは変わらないのですが、ひとつずつ増えていく、ということに気付かないと、解けません。系列問題も様々なものがあるので、沢山の問題に慣れておくことをおすすめします。

【おすすめ問題集】
　Ｊｒ・ウォッチャー６「系列」

問題34　分野：座標の移動

〈準備〉　鉛筆

〈問題〉　いちばん上の絵を見てください。ライオンは進行方向に向かって真っすぐ進み、コアラとパンダは、進行方向に向かって矢印の方向に曲がる、というお約束が書いてあります。どの動物も、一回につき、１マスだけ移動します。では、このお約束のすぐ下にある動物の絵に従って、それぞれの動物の矢印の方向に車が動いていくと、最後に車はどのマスに着きますか。そのマスに○をつけてください。

〈時間〉　１分30秒

〈解答〉　下図参照

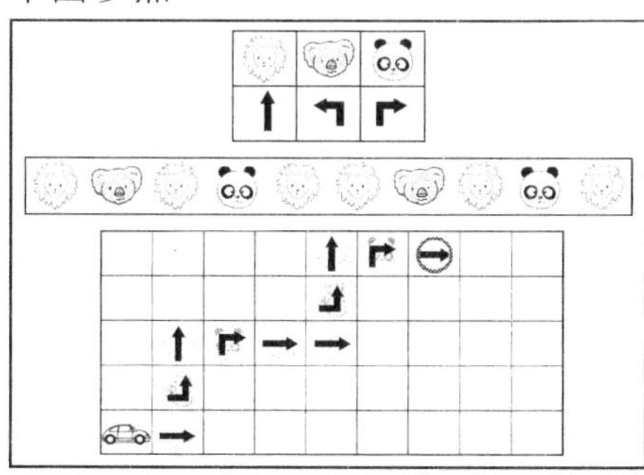

［2022年度出題］

学習のポイント

このような移動を伴う問題の誤答となる原因は、「指示を正しく理解していない」ことと、もう一つは「左右が混乱してしまう場合」の２つが挙げられます。特に、後者の場合、人などの移動と記号などの移動とでは、移動の方向などが少し異なります。この違いをしっかりと理解させてください。人の場合、進行方向に対して左右が変わりますが、記号などの移動の場合は、常に移動方向が一定です。今回の問題の場合、車の移動ですから、進行方向が常に前を向く状態になりますから、先頭の向きによって左右の移動方向が変わります。このようなことを言葉でお子さまに指導しても理解は難しいでしょう。お子さまに指導をする場合、お子さま自身を実際に移動させ、保護者の方がいる位置から見た左右と、お子さま自身が移動した左右の方向の違いを比較すると良いでしょう。自分が実際に移動することで、このような問題の時は、自分に置き換えて移動させることが可能になります。

【おすすめ問題集】

Ｊｒ・ウォッチャー47「座標の移動」

問題35　分野：図形（点図形・模写）

〈準備〉　鉛筆

〈問題〉　① 35-１の絵を見てください。左のお手本と同じように、右側に描きましょう。
② 35-２の絵を見てください。お手本と同じ場所に○を書いてください。２つとも解いてください。

〈時間〉　① １分15秒　② 20秒

〈解答〉　省略

［2022年度出題］

学習のポイント

基本的な点図形問題ですが、難しいお子さまは、4点（2×2）・9点(3×3)の点図形から始めてください。一見遠回りのようですが、この辺りをしっかりとできるようになると、お子さま自身の自信とやる気、そして点の捉え方がしっかりしていきます。また、座標の認識に関しても、慣れるまでは簡単な問題から着実に練習を重ねることが正解への道筋です。時間の許す限り、自分の解答を見直し、何度も間違っていないかを確認しましょう。この年代のお子さまには、「できた。」の自信が優先してしまい、見直しを怠ってしまいがちです。見直しの習慣は、やはり大人が教えていかないと難しいでしょう。また、見本と同じ位置に○をつけるだけなのですが、○の書き方は、きちんとできていますか。○は、下から書き始め、下でしっかりと留め合わせます。上から書き始めるのは、ゼロ（0）です。この違いをきちんと学び、きれいな○を書いてください。

【おすすめ問題集】

Ｊｒ・ウォッチャー1「点・線図形」、51「運筆①」、52「運筆②」

問題36　分野：図形（回転図形）

〈準 備〉　鉛筆

〈問 題〉　左の絵を矢印の方向に、矢印の数だけ倒したら、どのようになりますか。右側から選んで、○をつけてください。２つとも解いてください。

〈時 間〉　40秒

〈解 答〉　①右から２番目　②左から2番目

［2022年度出題］

学習のポイント

回転図形問題ですが、基本的な問題です。今回は矢印が右に1回転した場合だけのものを探すので、さほど難しいものではないかと思います。取り掛かるには、具体物ももちろん大切ですが、４辺を色別に塗って、回転の回数に合わせ、どの辺が底辺になっていくのか、わかるようにします。その辺の移動に伴い、マスの中の絵や記号は、それぞれの辺と結びついているので、辺が移動しても絵はその辺に付随したままです。また、矢印の方向や矢印の数で、左右どちらに回転か、1回転か、2回転かを理解する必要があります。慣れてきたら、四角形の回転だけではなく、三角形、五角形、六角形などの回転問題も取り組んでいきましょう。

【おすすめ問題集】
　　Ｊｒ・ウォッチャー46「回転図形」

問題37　分野：常識（理科的常識）

〈準 備〉　鉛筆

〈問 題〉　①上の絵を見てください。それぞれのコップに水が入っていますが、水の量は、みな違います。そこに氷を同じ数ずつ入れました。氷が全部解けると、どのコップの水が一番多くなりますか。そのコップの絵の上の四角に○をつけてください。
②下の絵を見てください。それぞれのコップに水が入っていて、今、水の高さは同じですが、氷の数はみな違います。今から氷を取り出します。氷を取り出した後、水の高さが一番低くなるコップはどれになりますか。そのコップの上の四角に○をつけてください。

〈時 間〉　各20秒

〈解 答〉　①左から２番目　②右から２番目

［2022年度出題］

学習のポイント

①は、わかりやすかったと思います。問題は、②の方です。水かさの変化を考える時は、お子さまにとってわかりやすいお風呂を考えます。お湯が湯舟いっぱいに入っていたとき、1人で入るのと5人で入るのでは、溢れるお湯の量はどう違うか考えます。1人で入った時より、5人で入った時の方が、沢山お湯が溢れてしまうということは、ほぼ全員が正しく答えるでしょう。その後、お風呂から上がったとき、残ったお湯の量はどうなるか。このあたりから難しくなるお子さまもいるかもしれません。溢れ出たお湯の量を考えると、人数の多い湯舟の方が、残りのお湯が少なくなることが理解できましたでしょうか。このように身近なことに置き換え、問題に対応できるようにしていきましょう。

【おすすめ問題集】

Ｊｒ・ウォッチャー27「理科」、55「理科②」

問題38　分野：常識（生活習慣）

〈準　備〉　鉛筆

〈問　題〉　下の四角の中にいろいろなものが描いてありますが、使い終わったり、壊れたりしたので、これらをごみとして出そうと思います。ごみは、分別して出さないといけません。上には、分別の仕方が書いてあります。この分別の仕方の下には、○・△などの記号が書かれています。では、下の四角の中のものは、どのごみとして出せばいいか、上の絵の分け方を見て、それに合った記号をそれぞれの絵に書いてください。

〈時　間〉　２分

〈解　答〉　下図参照

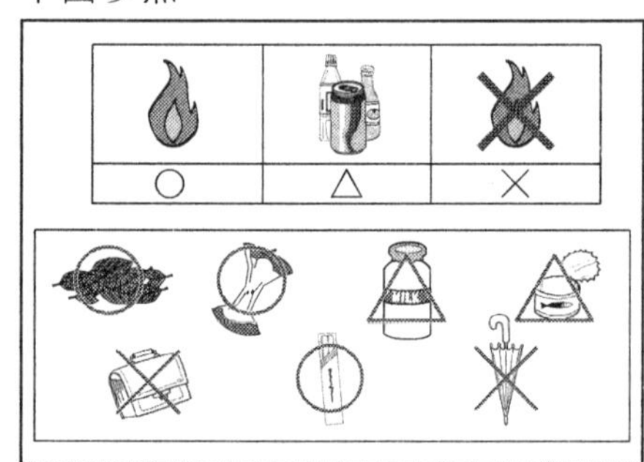

[2022年度出題]

学習のポイント

常識問題ですが、このような内容は、知識として教えてもなかなか覚えられません。お手伝いなどの生活体験を通して習得することをおすすめいたします。この問題で取り上げられているゴミの分別ですが、清掃工場の火力などにより、昔とは違った分別が行われている地域もありますが、入試で問われる可燃物と不燃物の分別は、昔の基準に沿った内容となっています。ですから、プラスチック等は燃えないものとなります。近年、こうした身近なことに関する常識問題は頻出分野となっており、かつ、点数的にも差がつく分野の一つとなっています。その原因として、生活が便利になったことにより、生活の中に配慮することが減少していることが一因とも言われています。ですから、ゴミについても、自宅内での分別をしてみてはいかがでしょうか。取り組むことにより、今まで見えなかったことや気がつかなかったことが見えてくるようになります。

【おすすめ問題集】

Ｊｒ・ウォッチャー30「生活習慣」、56「マナーとルール」

問題39　分野：常識（言語）

〈準　備〉　鉛筆・虫の鳴き声の音声

〈問　題〉　これから生き物の鳴き声が聞こえてきます。鳴いている生き物は、どれでしょうか。このあとの指示に従い、絵に記号をつけてください。
①（音声）「ミーンミーン」この生き物に、○をつけてください。
②（音声）「リーンリーン」この生き物に、×をつけてください。
③（音声）「ブーンブーン」この生き物に、△をつけてください。
④（音声）「ホーホケキョ」この生き物に、□をつけてください。

〈時　間〉　各10秒

〈解　答〉　下図参照

［2022年度出題］

学習のポイント

夏になるとセミが鳴くのは当たり前のように思っていますが、セミも種類によって鳴き方が違いますし、鳴く時期や時間も違います。セミ一つとってもこうした違いがあることをお子さまは実感できているでしょうか。今、街中では自然が失われ、出題されているような生き物と触れ合うことも少なくなっているからこそ、改めて関わりを持つように意識をしてみてはいかがでしょう。この問題も前問同様に、知識として教えることは困難な内容の一つです。この問題の対策として実物を体験していただきたいと思いますが、広義に捉えると、子どもの知的好奇心、探究心のきっかけはこうした生き物や、木々などの自然との触れ合いがきっかけとなるお子さまが多数います。体験をするときは、結果を求めるのではなく、そのことからの発見、興味、関心、探求心などを得る機会と捉えましょう。その体験を帰宅後の生活にどのように役立てていくのかが学習になります。

【おすすめ問題集】

Ｊｒ・ウォッチャー17「言葉の音遊び」、18「いろいろな言葉」

問題40　分野：常識（生活習慣）

〈準備〉　鉛筆

〈問題〉　上の絵は、昔使っていた道具の絵です。下の絵は、今の時代に変化した昔の道具の絵です。上のどの道具が、下の道具になりましたか。点と点を線で結んでください。

〈時間〉　20秒

〈解答〉　下図参照

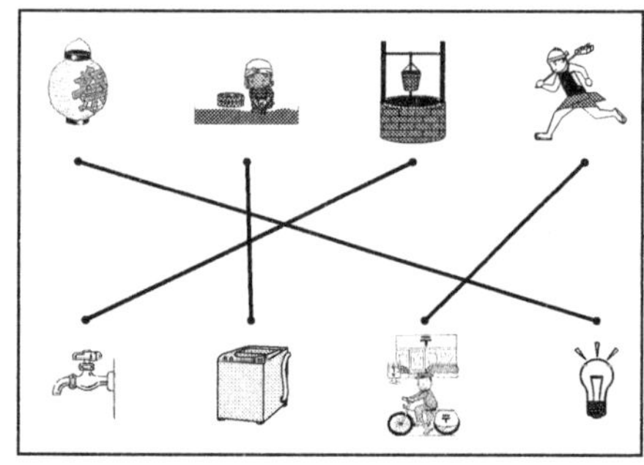

［2022年度出題］

学習のポイント

昔の道具が、現代になってどう変わっていったかという問題では、まずは、昔の道具を見て、それが何であるのかがわからないといけません。ぜひ、昔の道具が展示されている博物館に足を延ばし、実際にどんなものがあったのか、どういった使い方をしたのか、実物を見ることをおすすめします。電気製品は、特に画期的な進歩を遂げてきたので、現代とは、全く姿形が違ってしまっているものも沢山あります。また、進化した結果、どのように生活が変わったと思うか、などのお子さまなりの考え方を聞いてみるのもよいでしょう。

【おすすめ問題集】

Ｊｒ・ウォッチャー12「日常生活」・30「生活習慣」

問題 1

①

小麦粉

500g

BUTTER

MILK

②

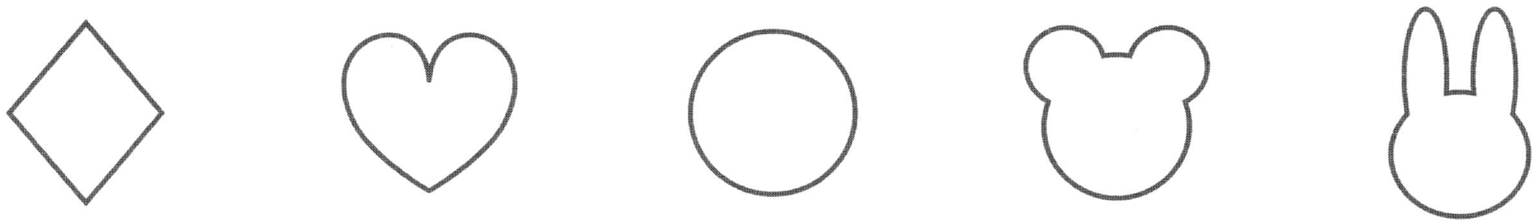

③

④

⑤

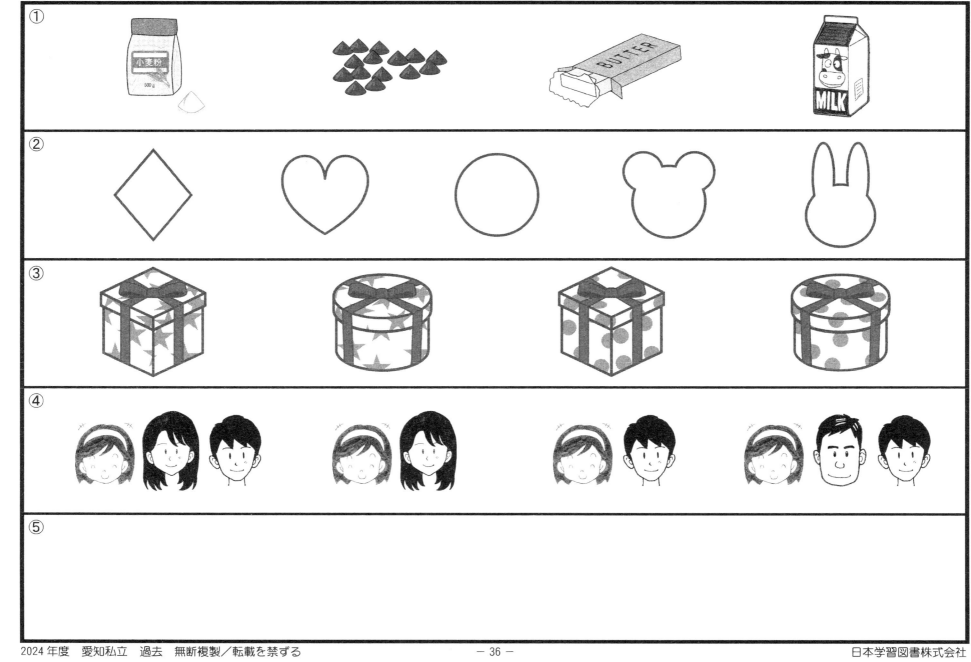

問題 2 － 1

①

②

③

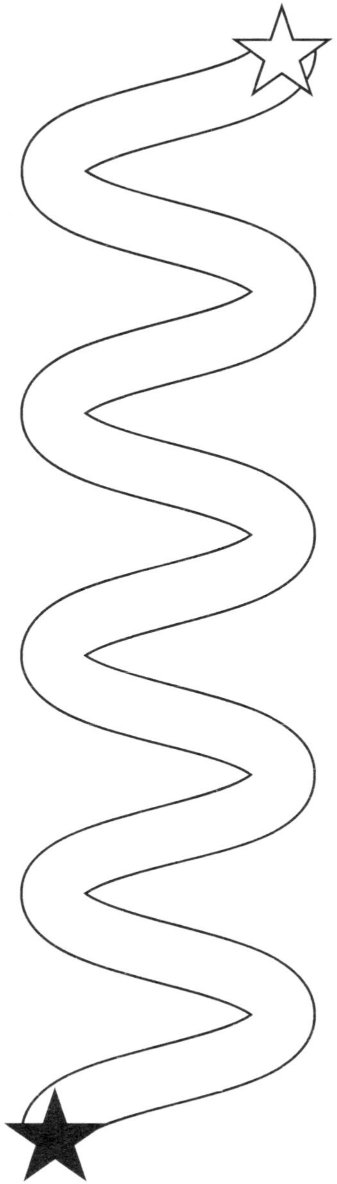

④

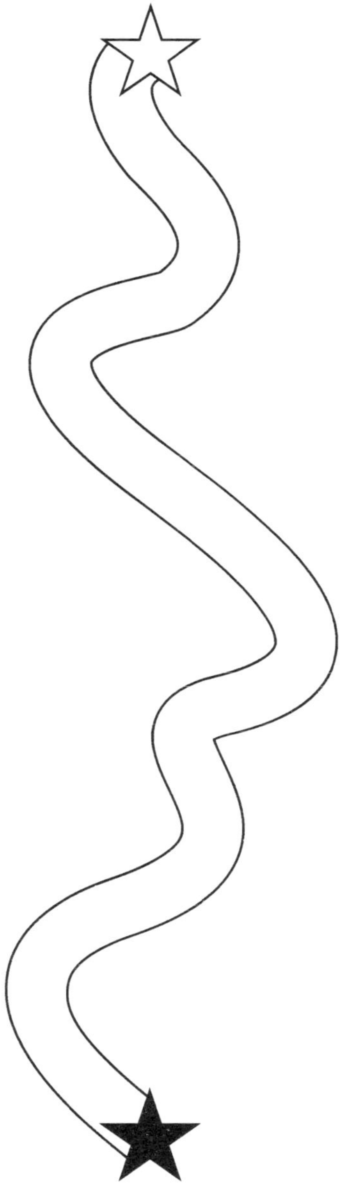

日本学習図書株式会社

問題 2 － 2

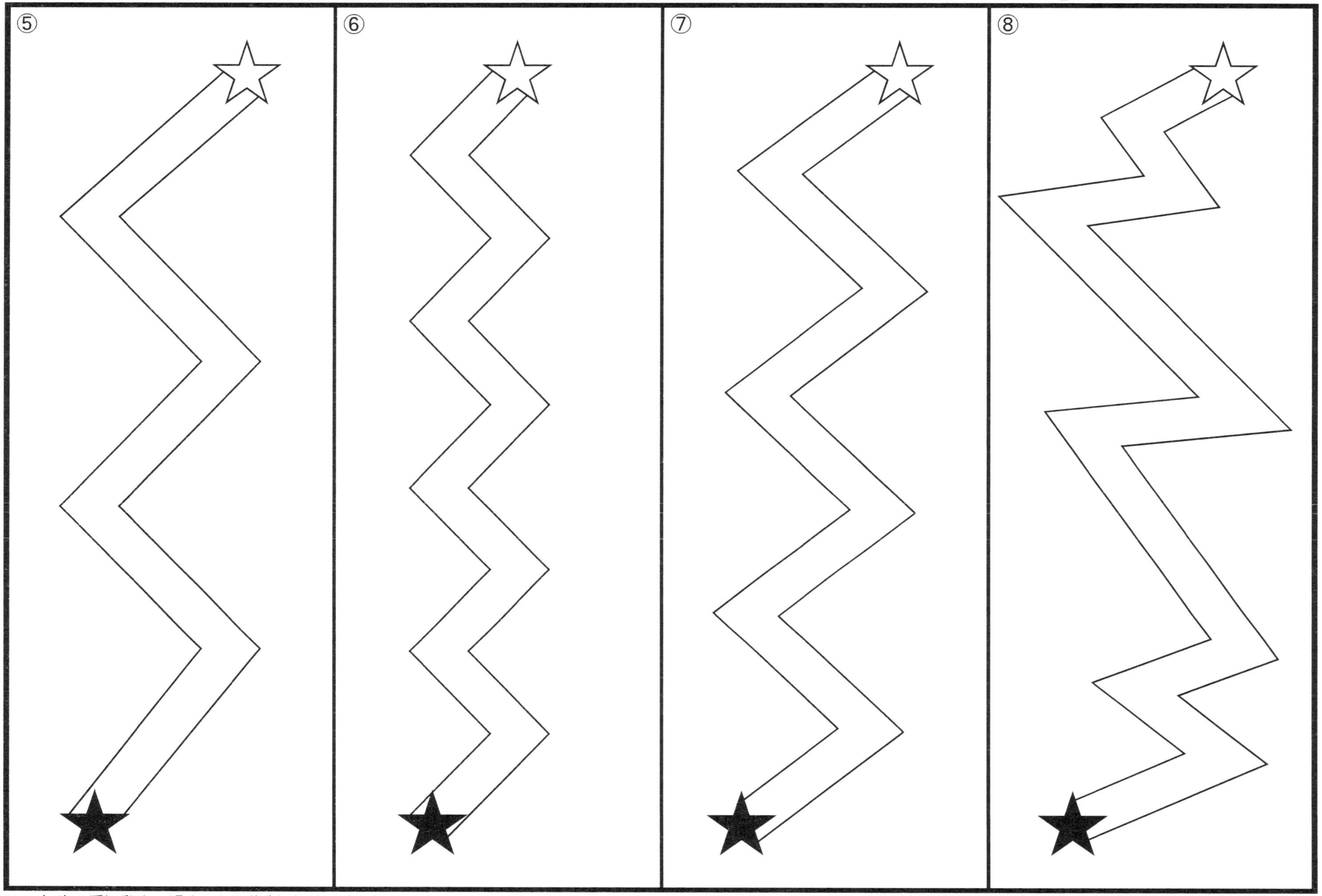

⑤

⑥

⑦

⑧

問題 2 － 3

⑨

⑩

⑪

⑫

問題３－１

①

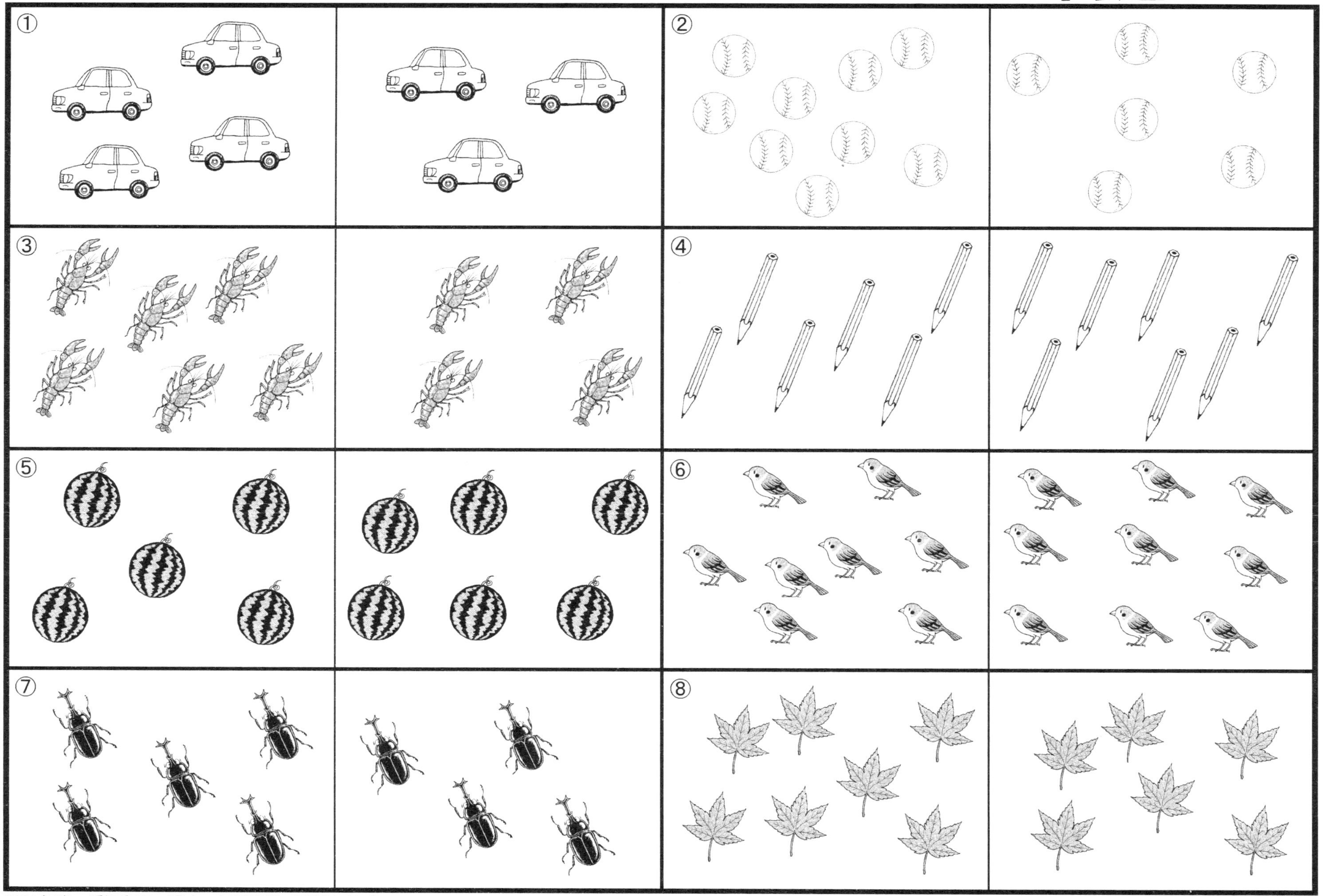

②

③

④

⑤

⑥

⑦

⑧

　

問題３－２

⑨	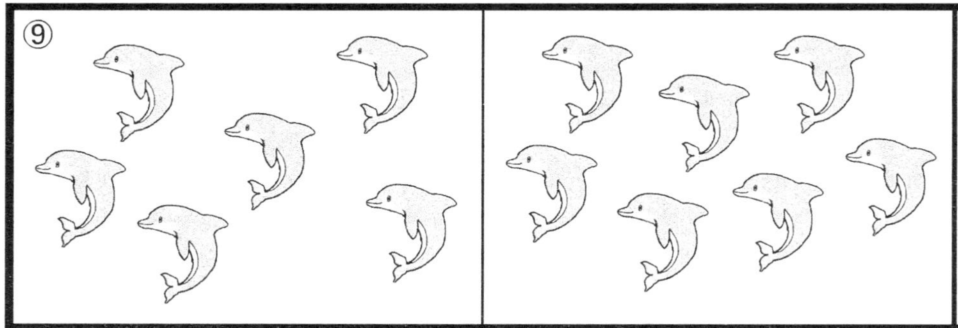	⑩	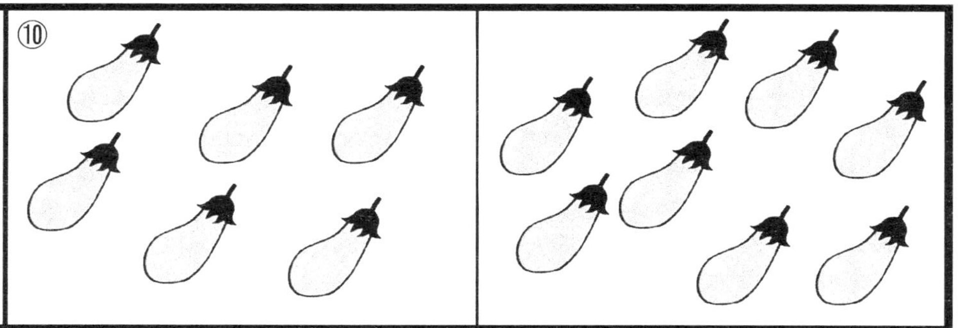
⑪	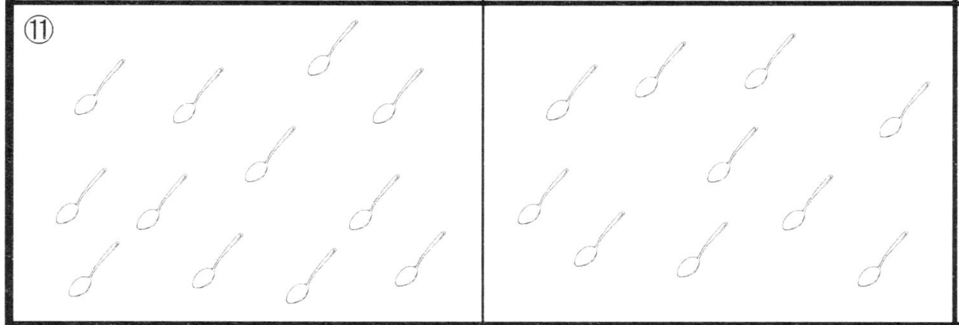	⑫	
⑬	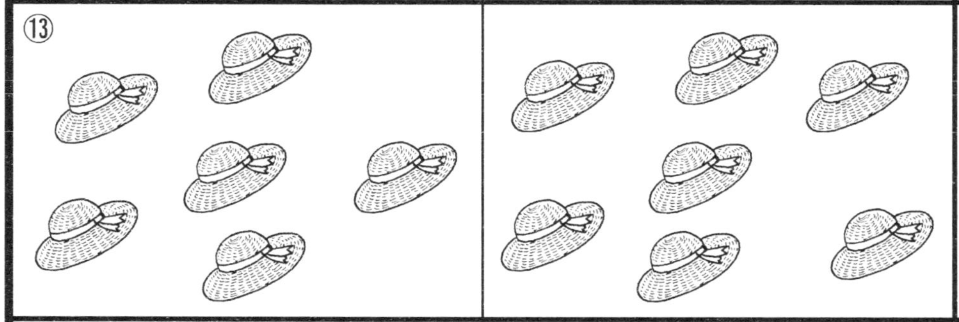	⑭	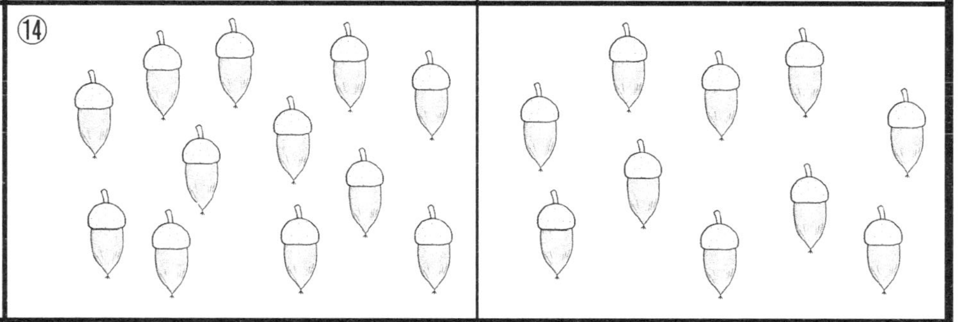
⑮		⑯	

日本学習図書株式会社

問題４

①

②

問題 5

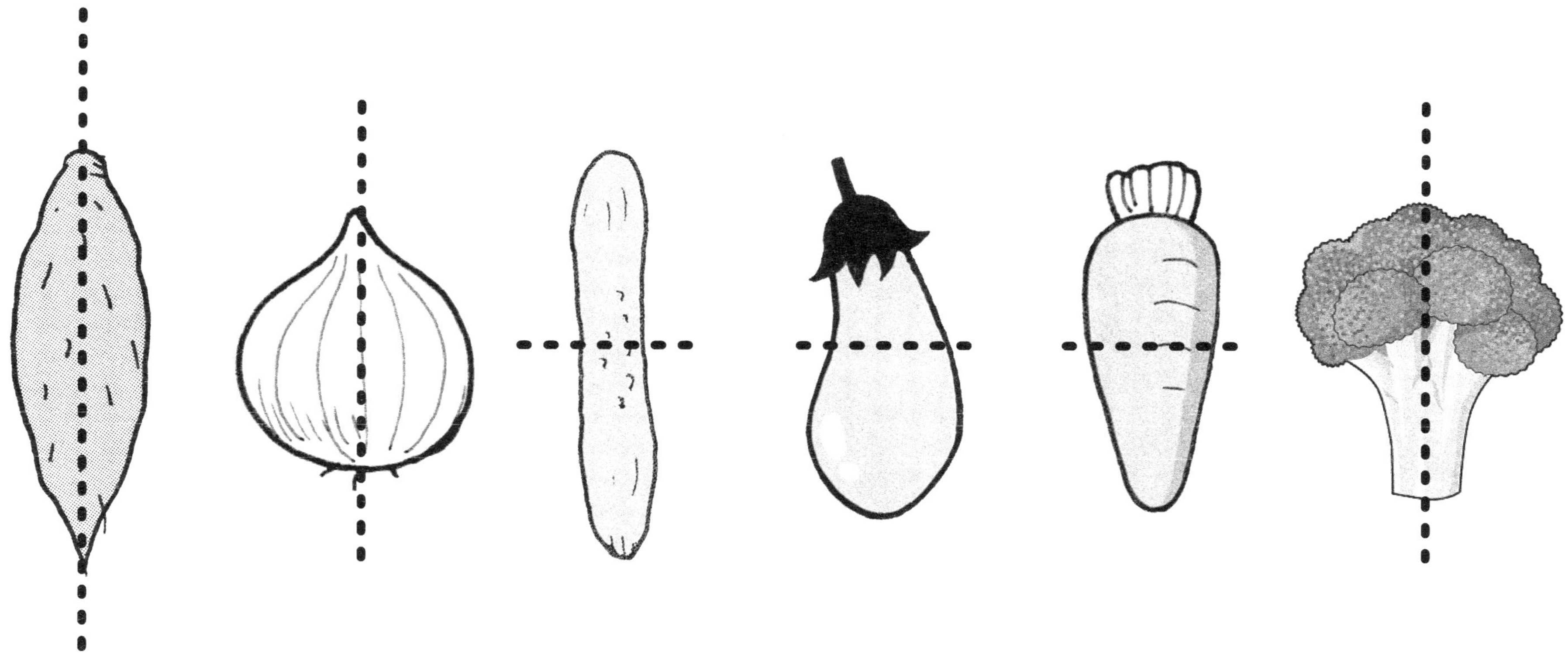

☆南山大学附属小学校

問題6

①

②

③

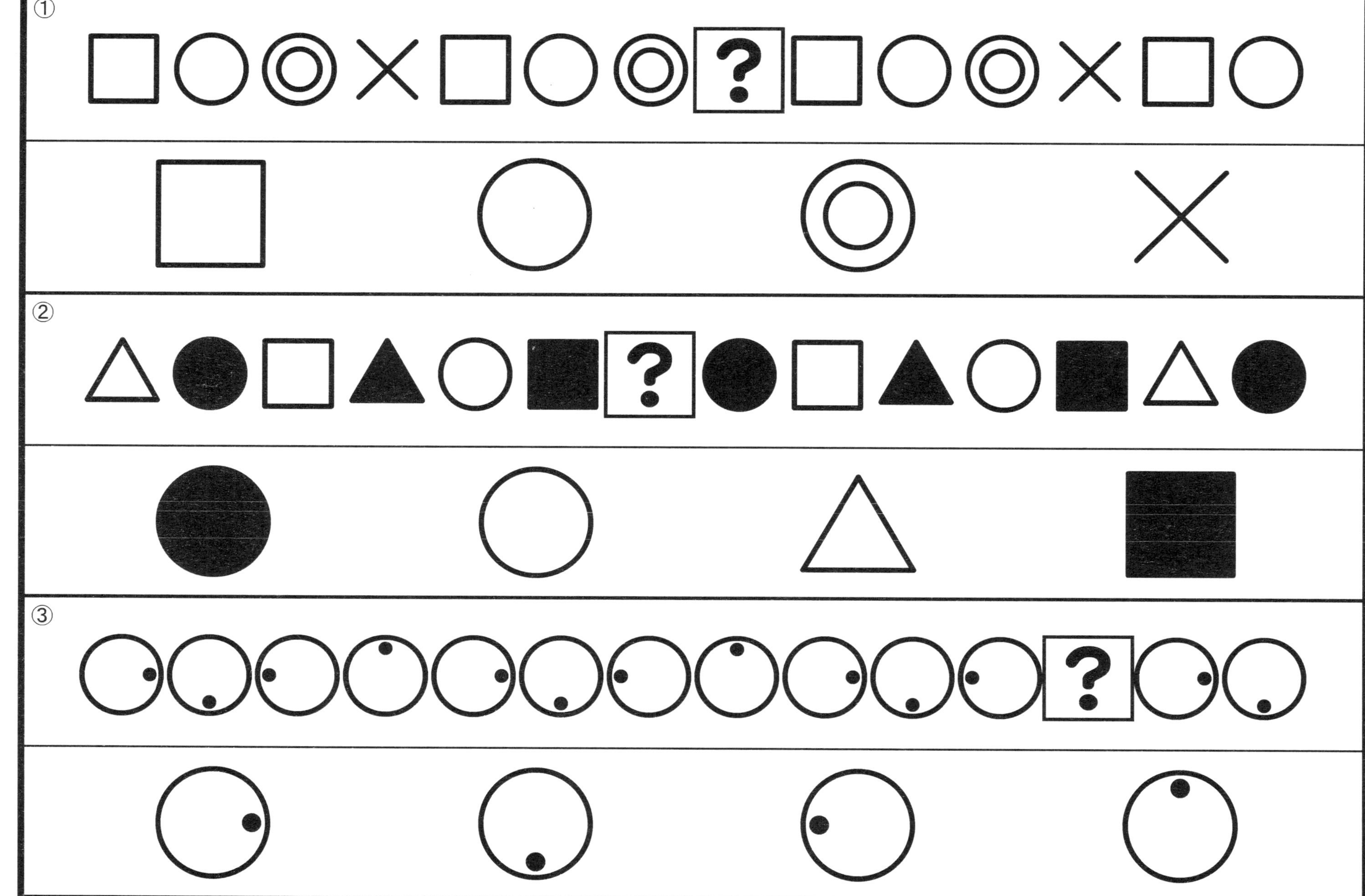

問題７

①

②

③

④

問題8

①

②

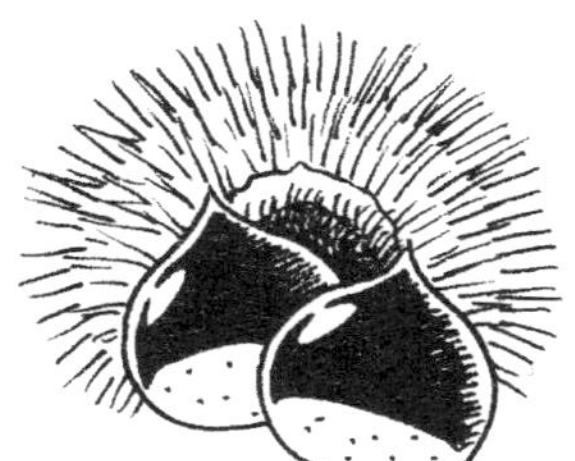

   日本学習図書株式会社

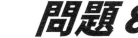

☆南山大学附属小学校

問題 9

ダンボール積み

おはじきサッカー

入室

先生

先生

先生

楽器演奏

的当て

先生

楽器

先生

モニター

退室

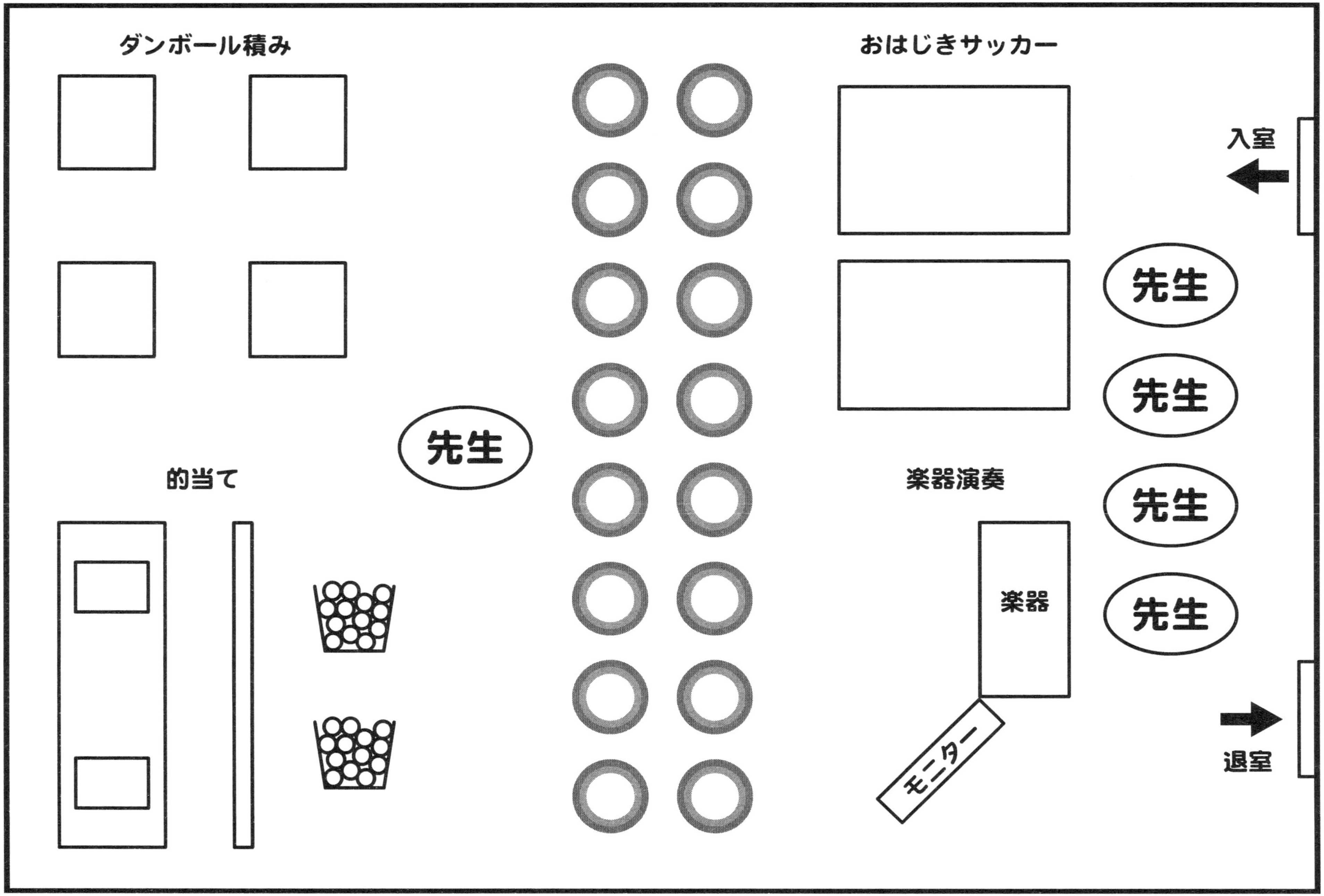

☆南山大学附属小学校

問題１１

①

②

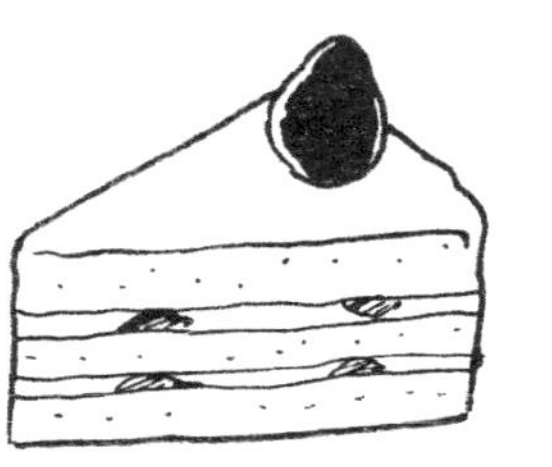

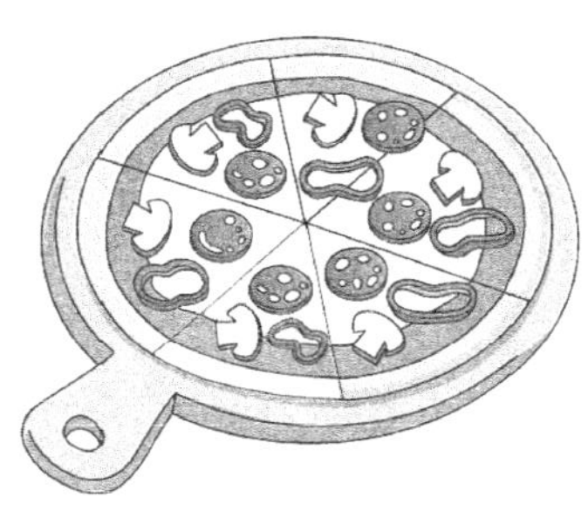

③

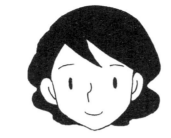

問題１２

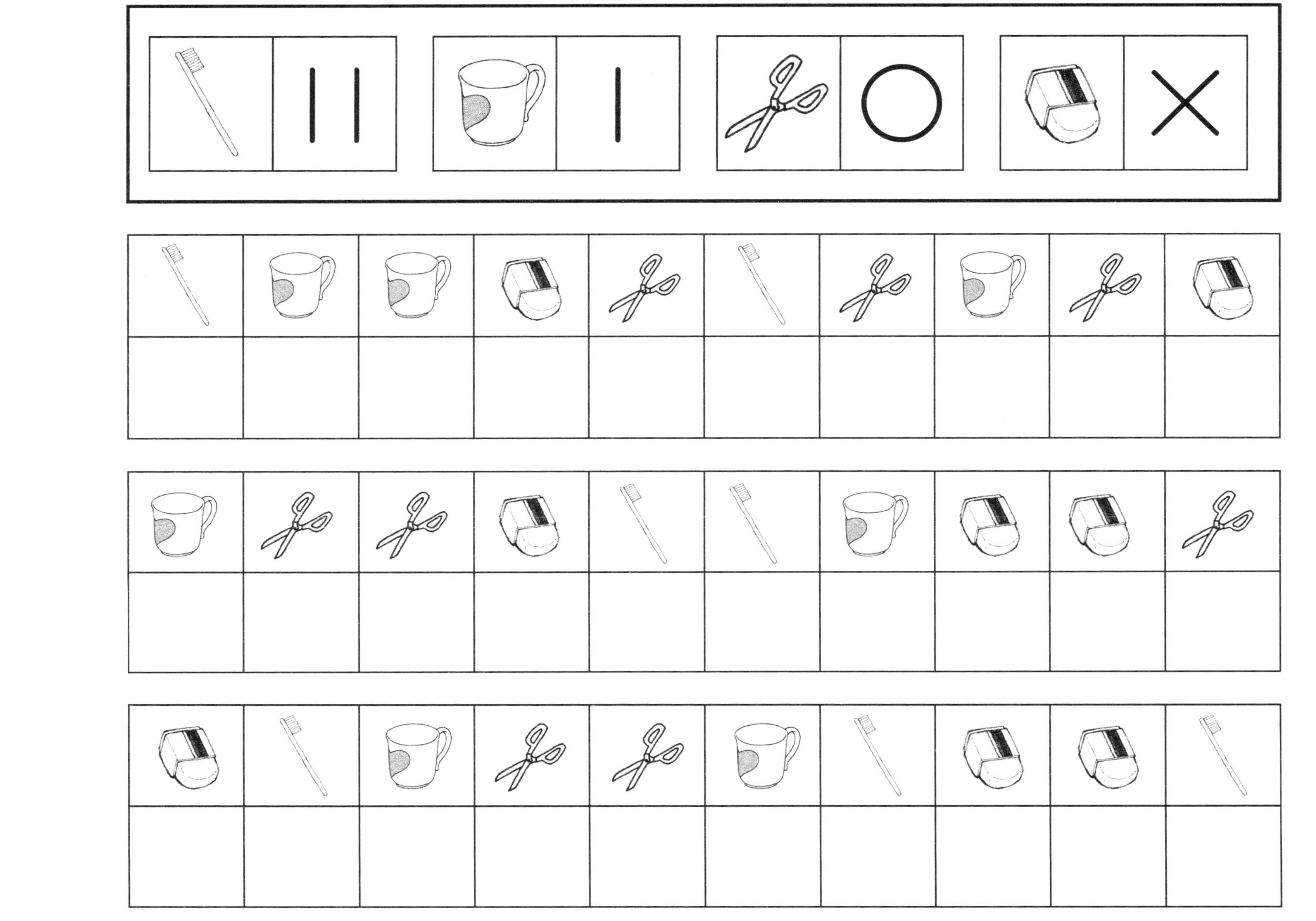

問題１３

☆南山大学附属小学校

問題１４

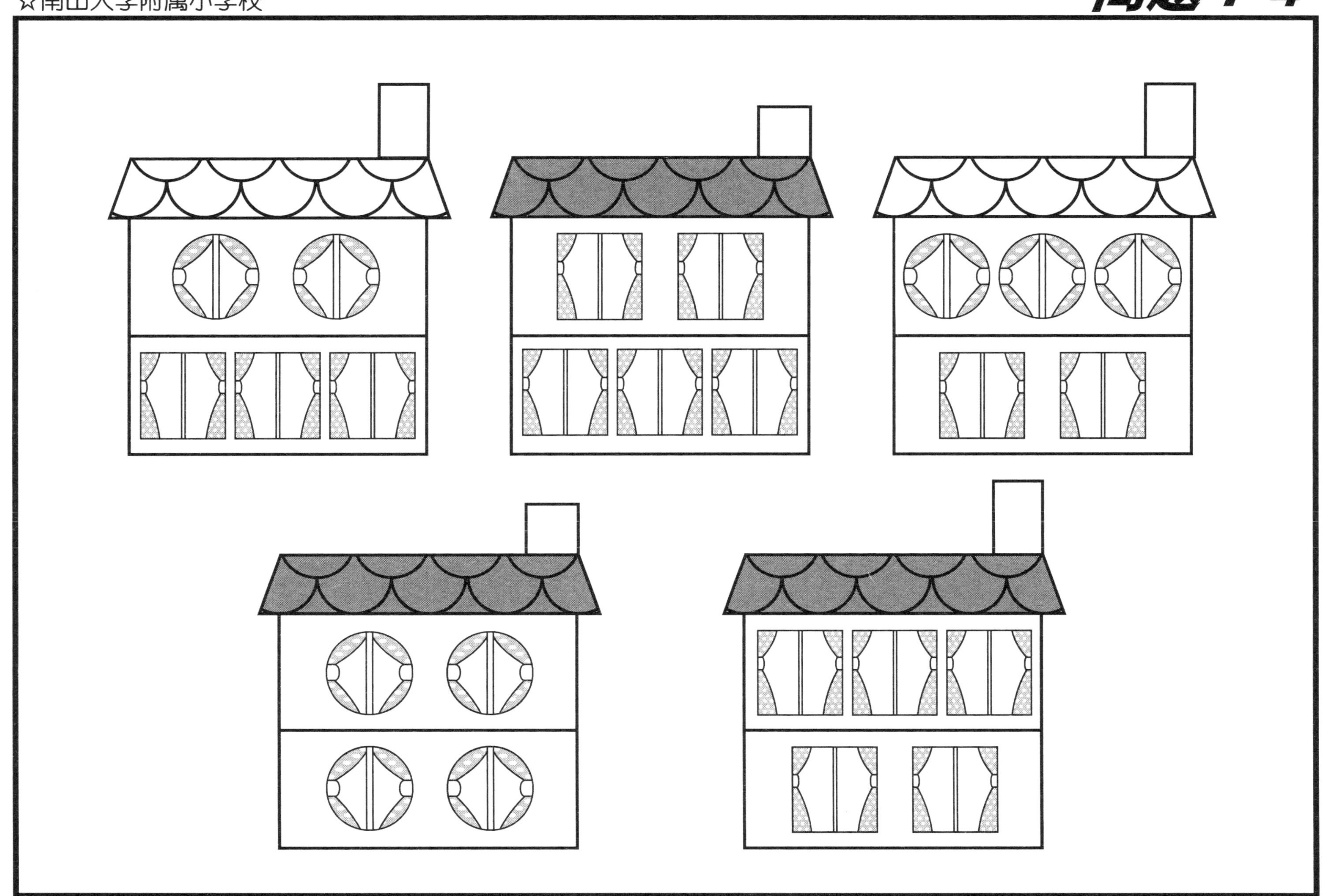

問題15

問題16

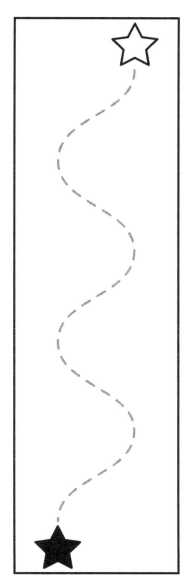

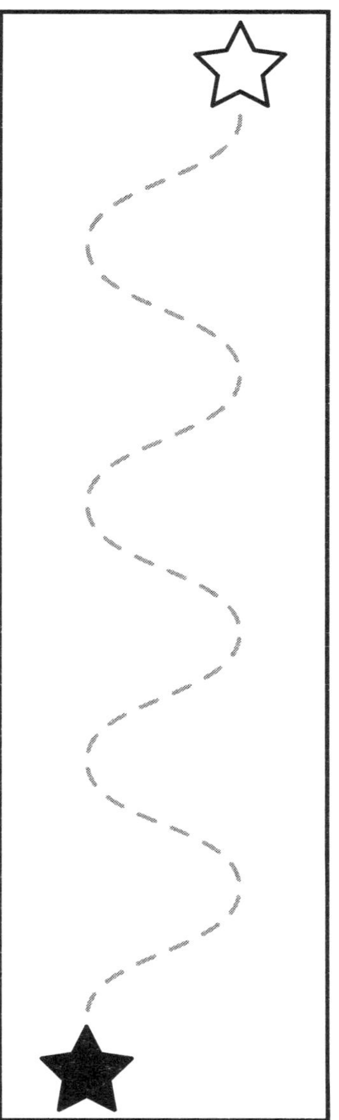

問題１７－１

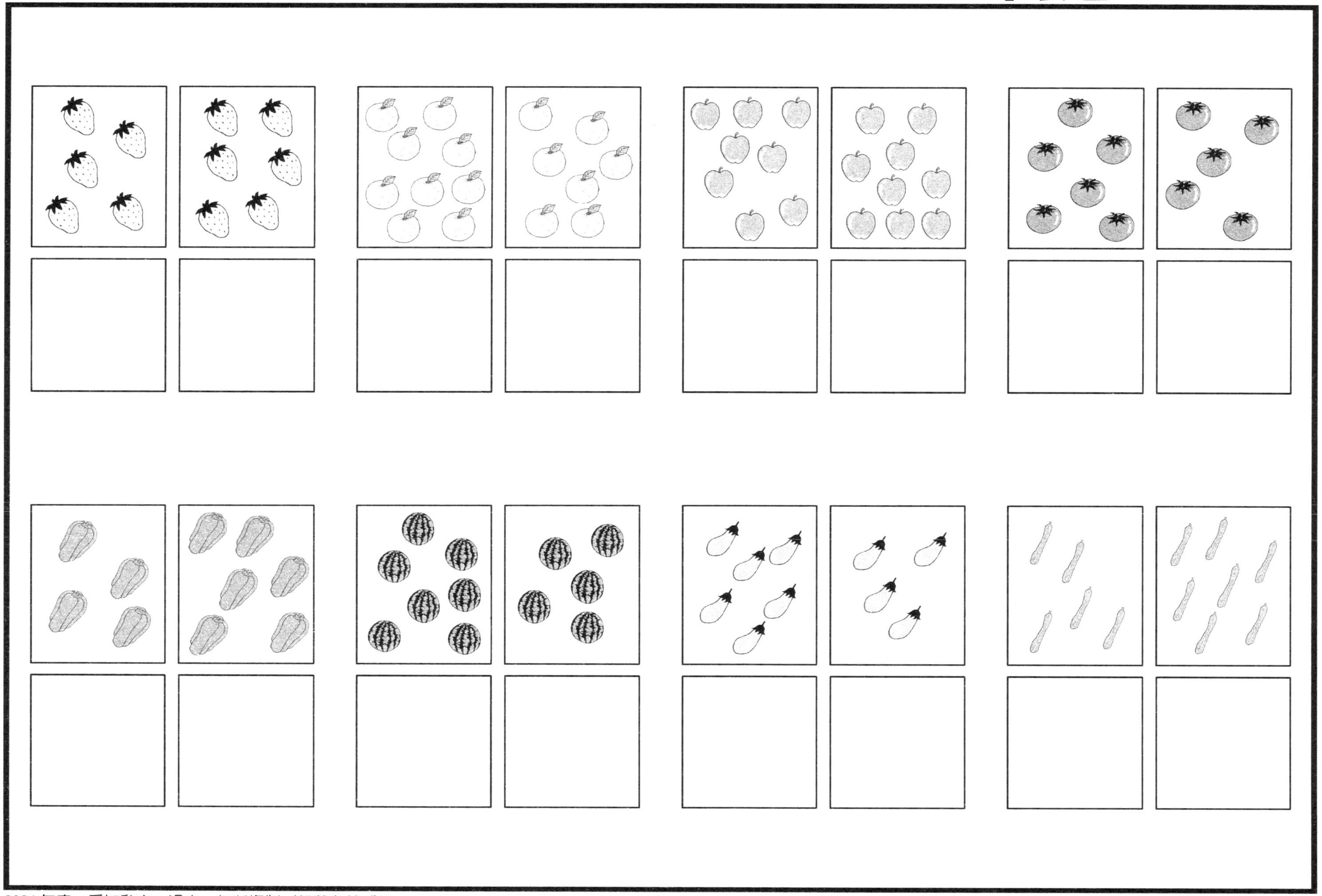

日本学習図書株式会社

問題17－2

☆南山大学附属小学校

問題１７－３

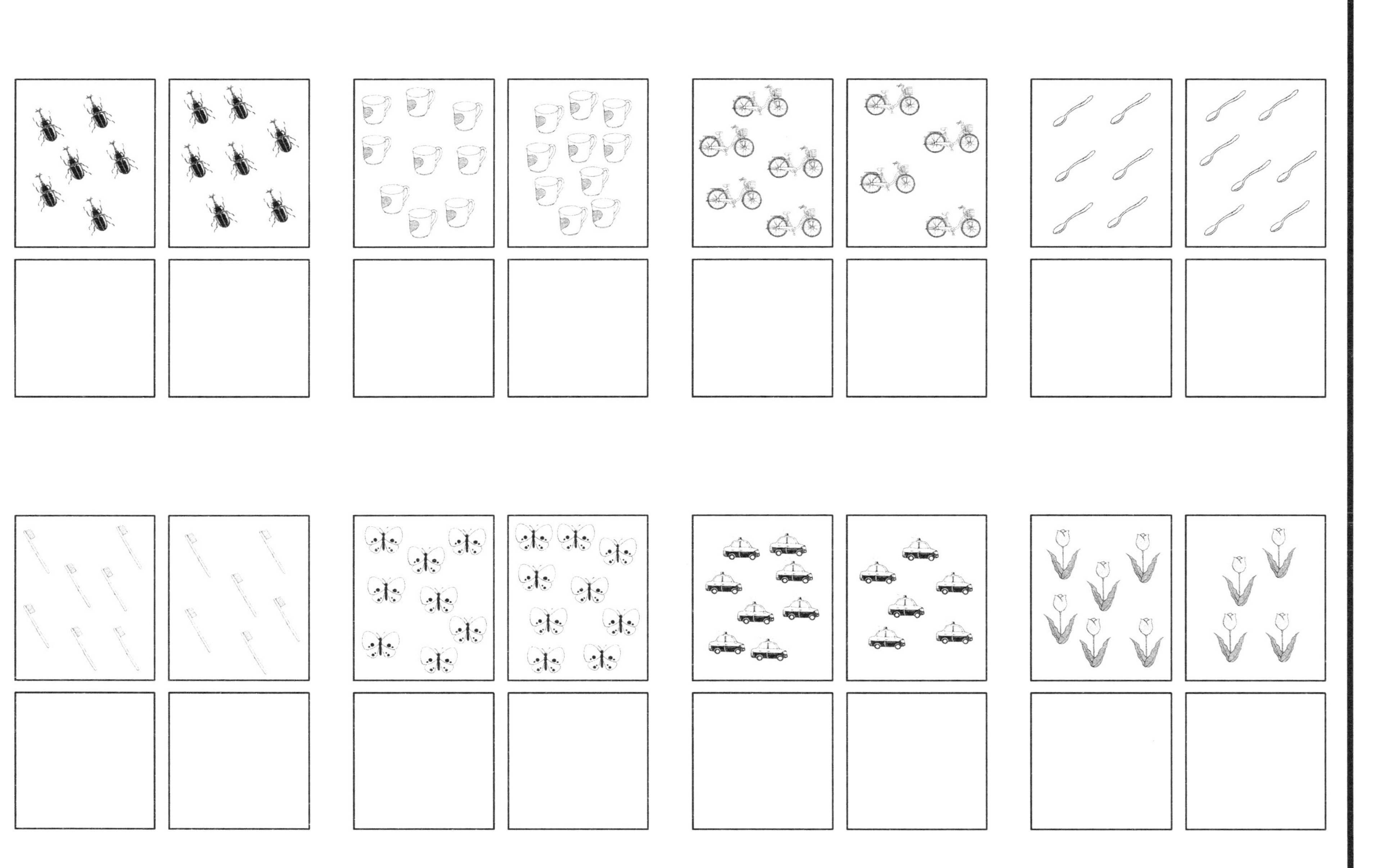

問題17－4

日本学習図書株式会社

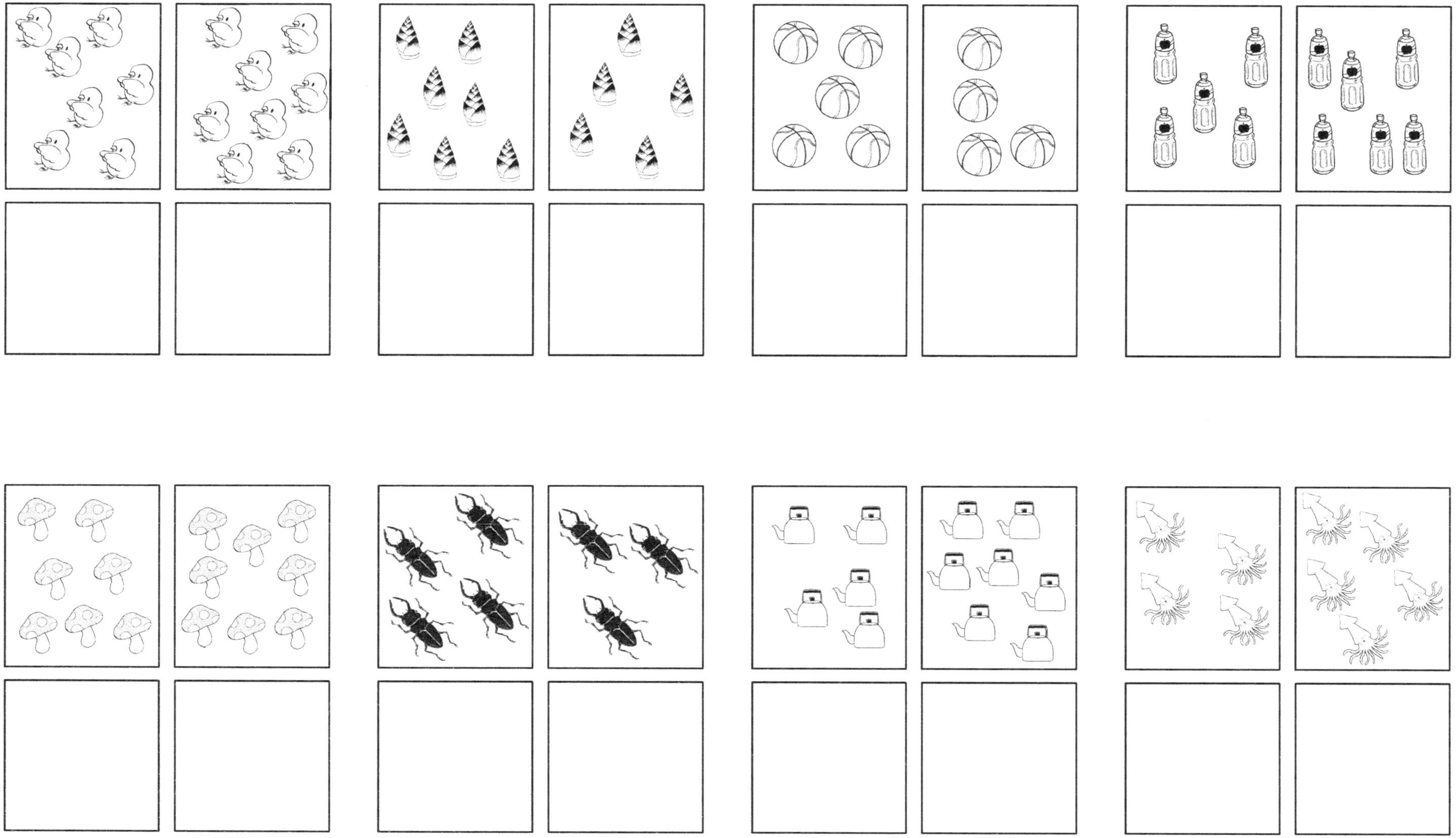

☆南山大学附属小学校

問題１８

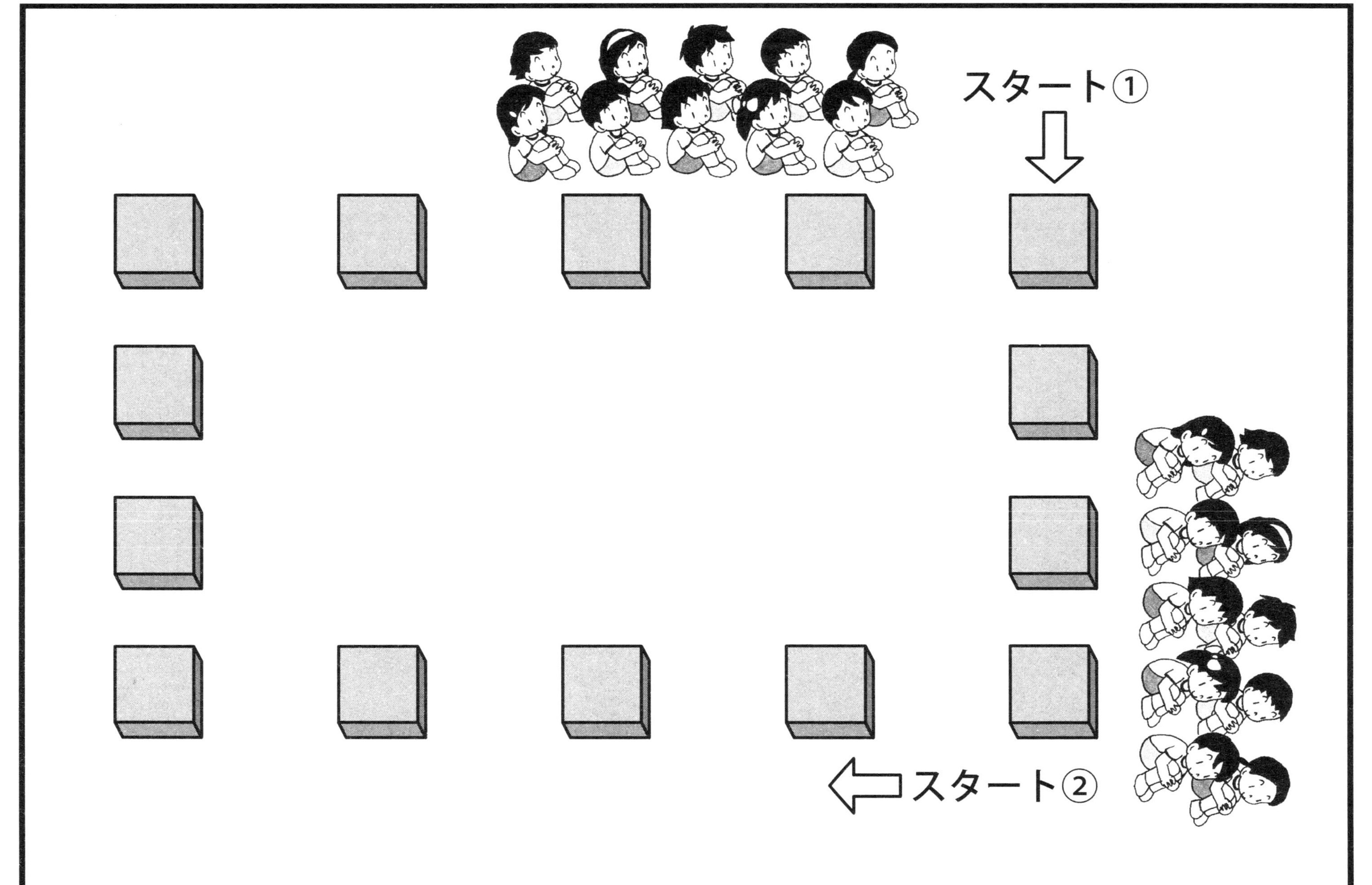

問題１９

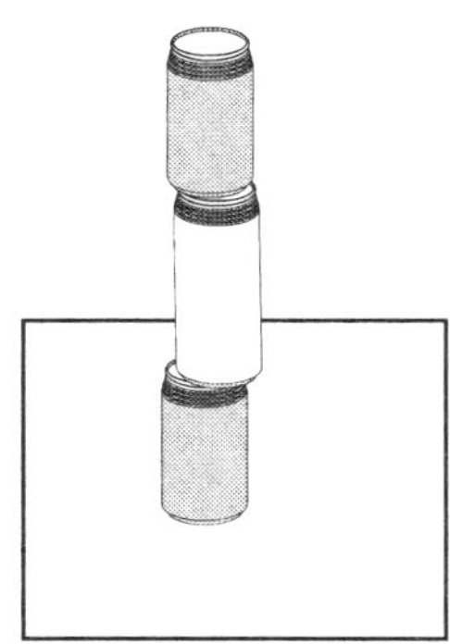

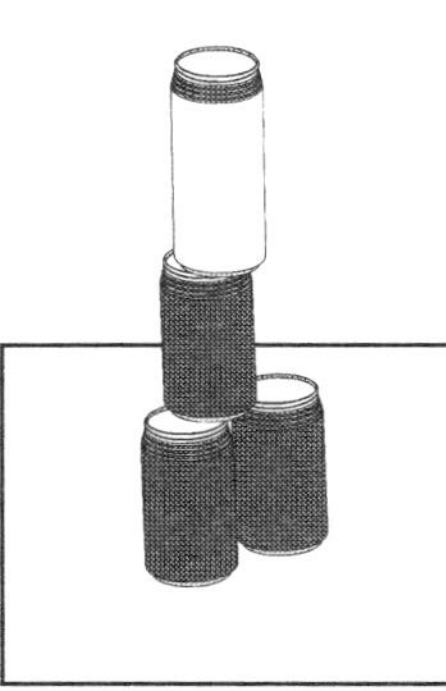

問題２１

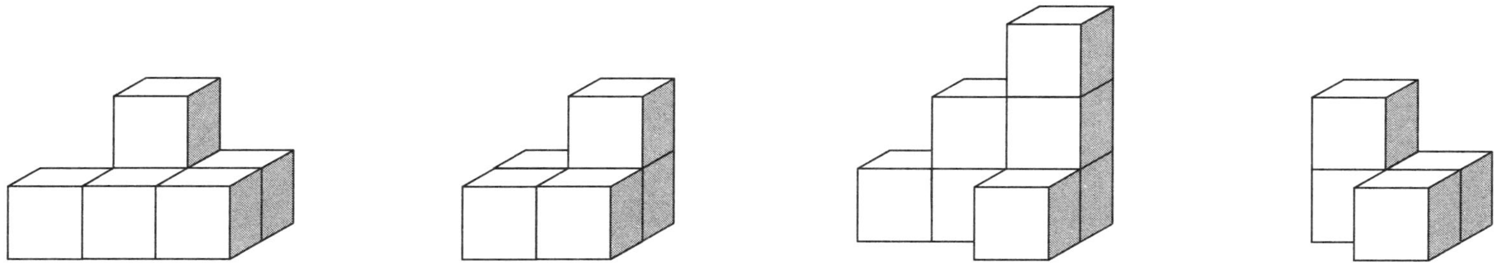

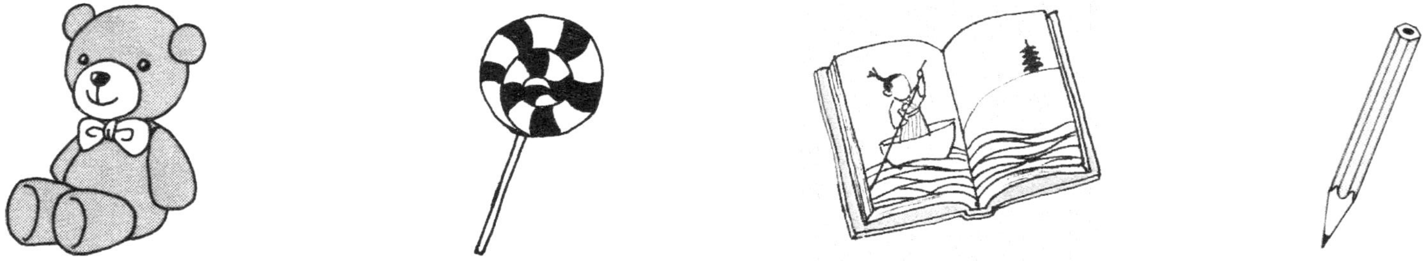

①

②

③

④

問題２２

①

②

③

④

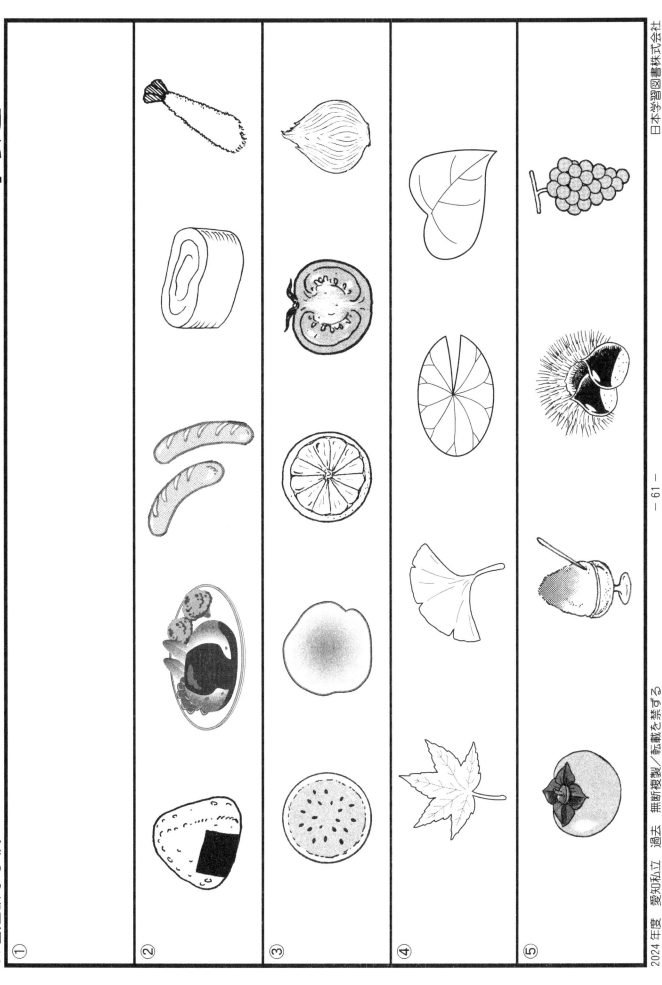

⑤

☆名進研小学校

問題２３

①

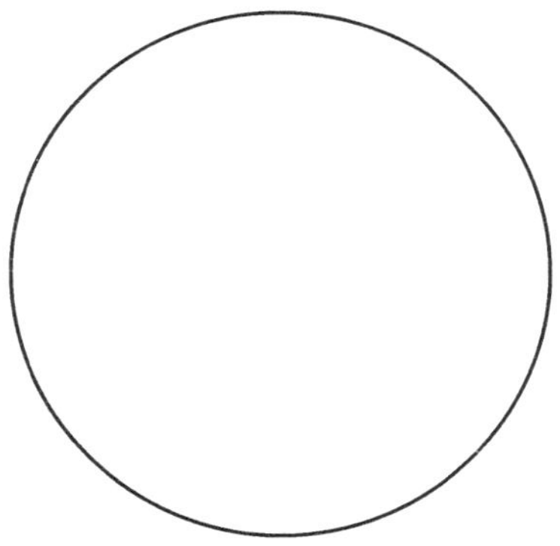

③

②

④

問題２４

日本学習図書株式会社

☆名進研小学校

問題２５

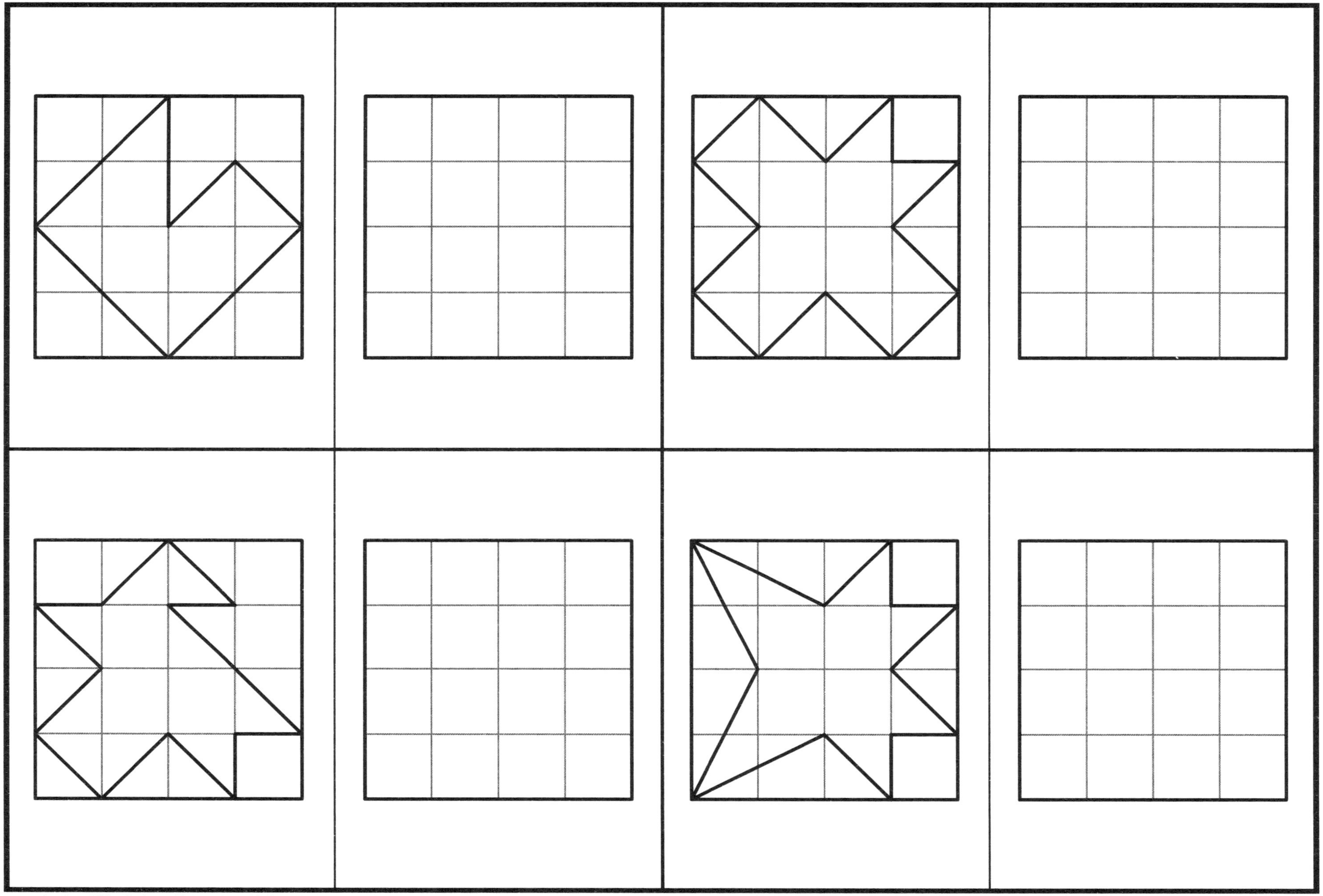

☆名進研小学校

問題２６

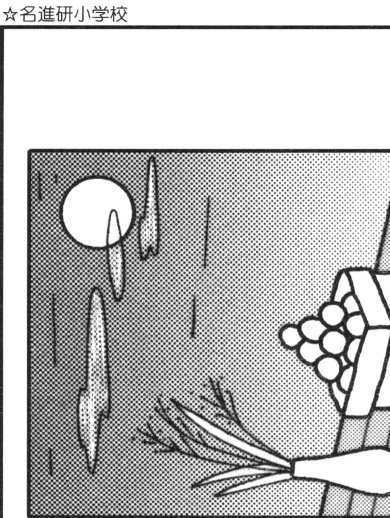

問題２７

☆名進研小学校

問題２８

☆名進研小学校

問題3 1－1

☆名進研小学校

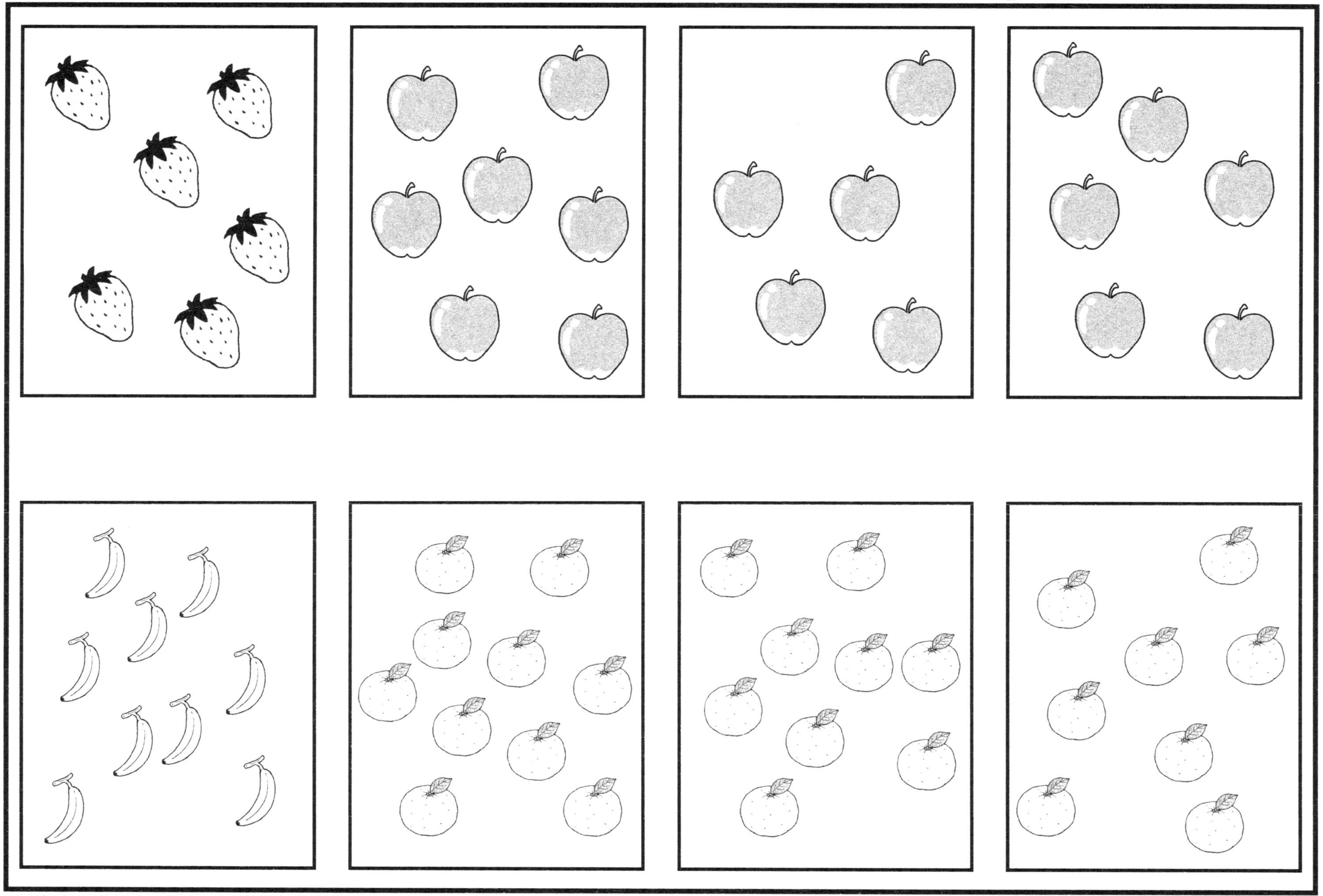

問題31－2

問題3 2－1

問題３ ２－２

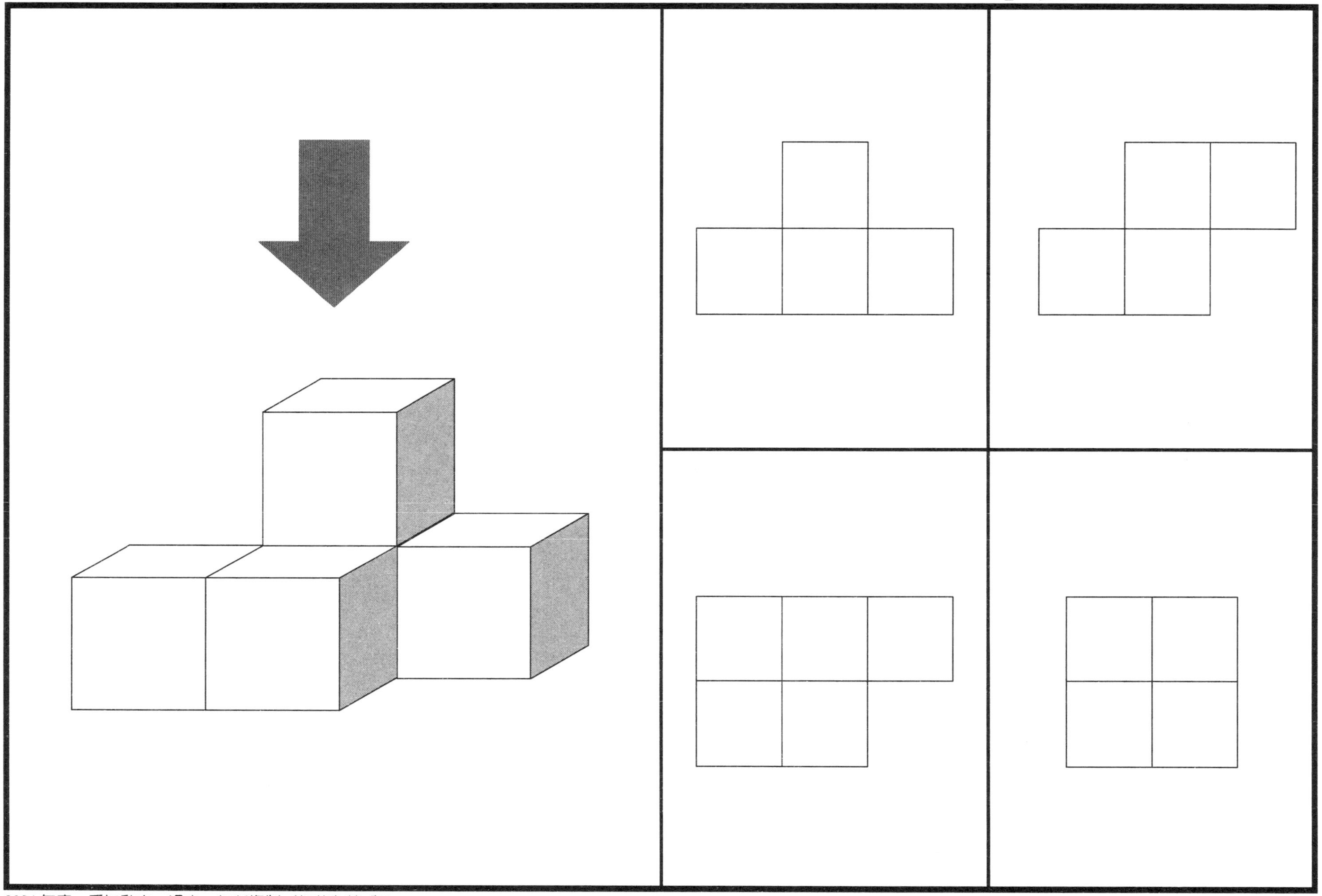

問題３３

①

②

③

日本学習図書株式会社

問題34

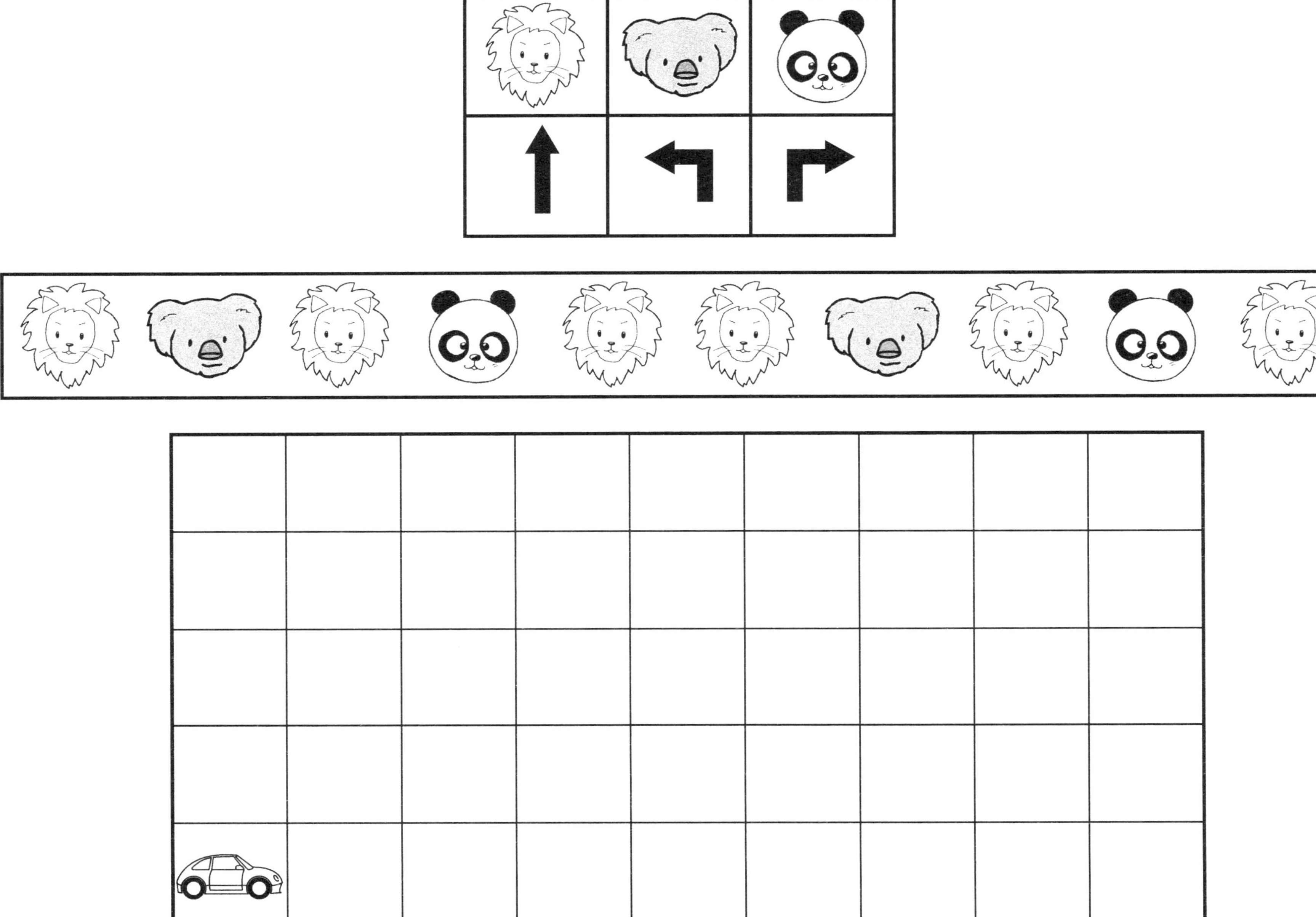

問題35－1

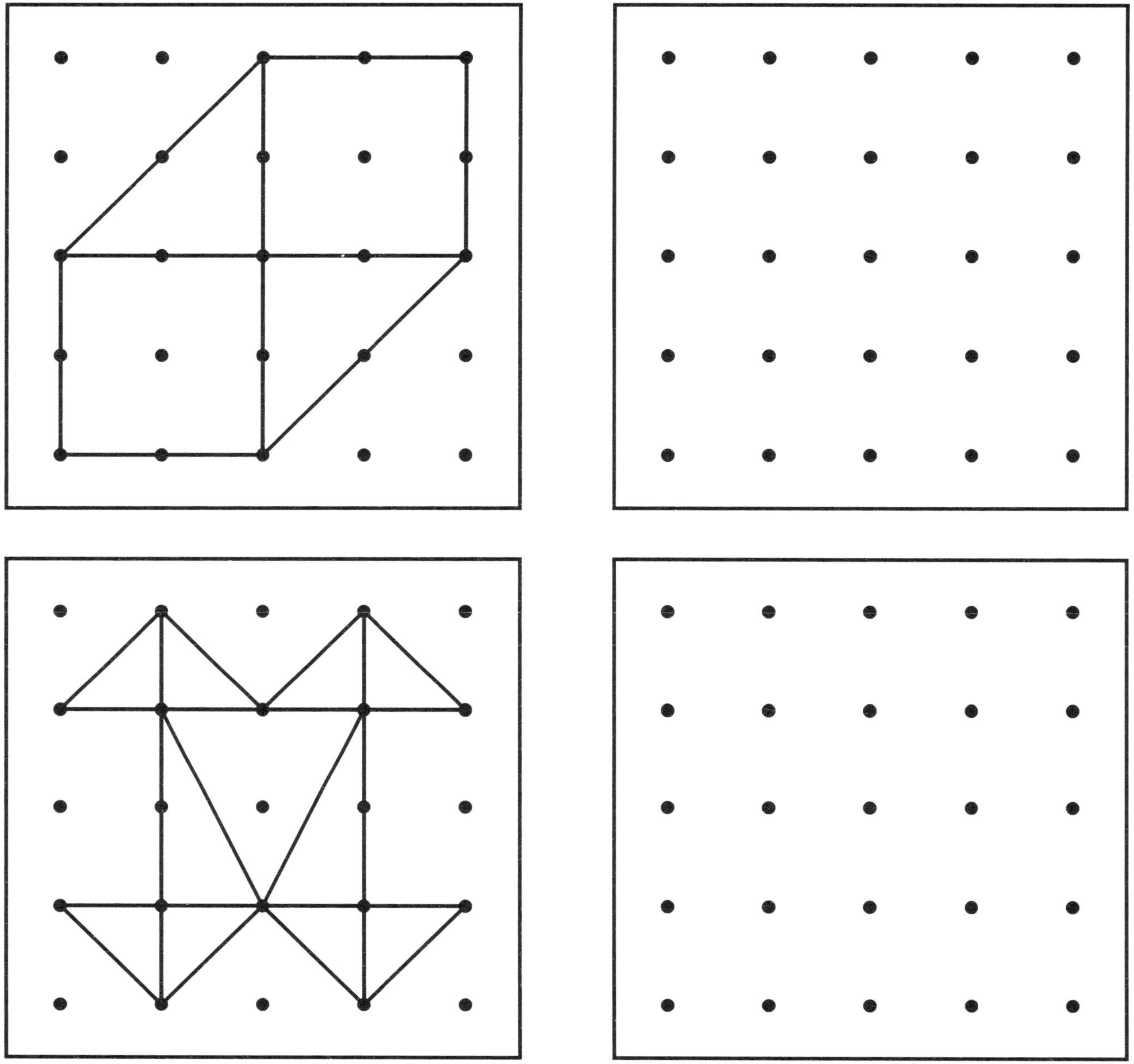

☆名進研小学校

問題３５－２

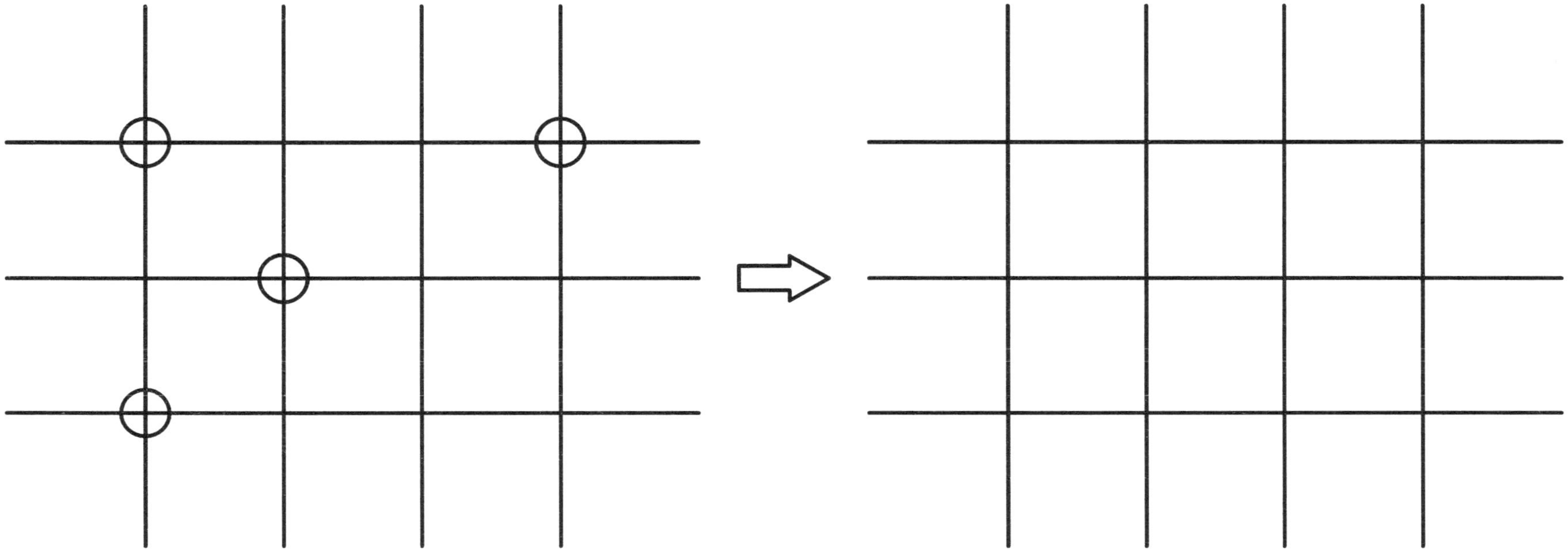

問題３６

①

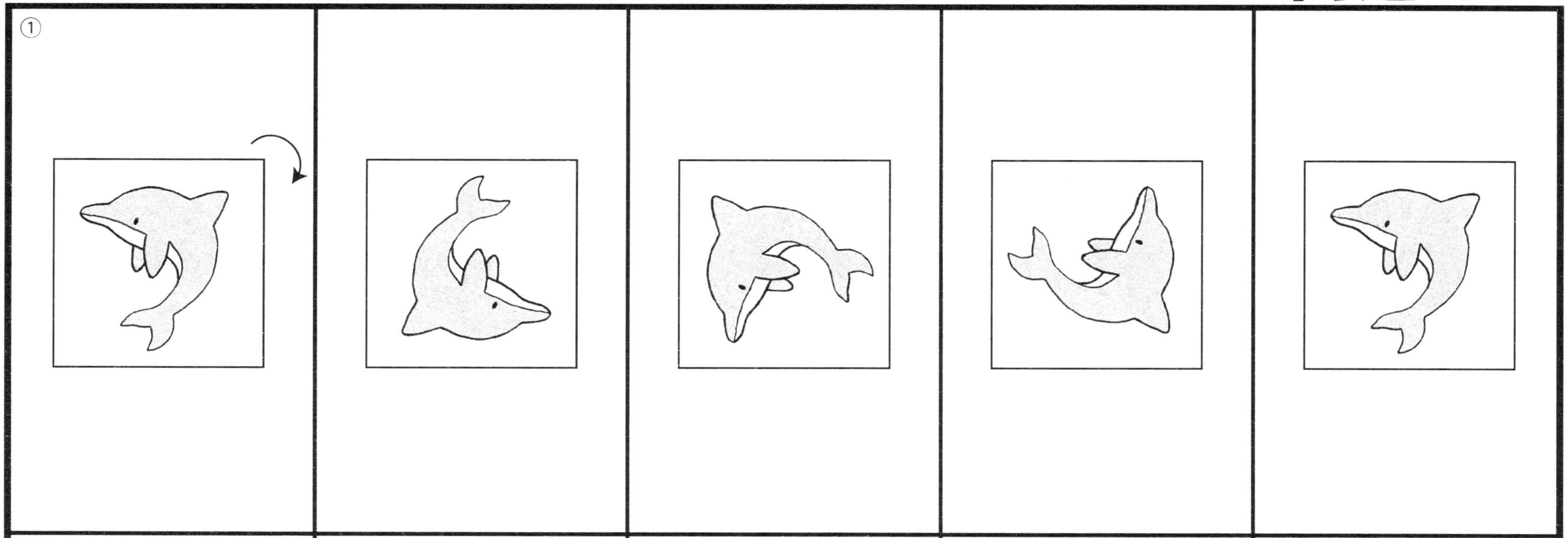

②

☆名進研小学校

問題３７

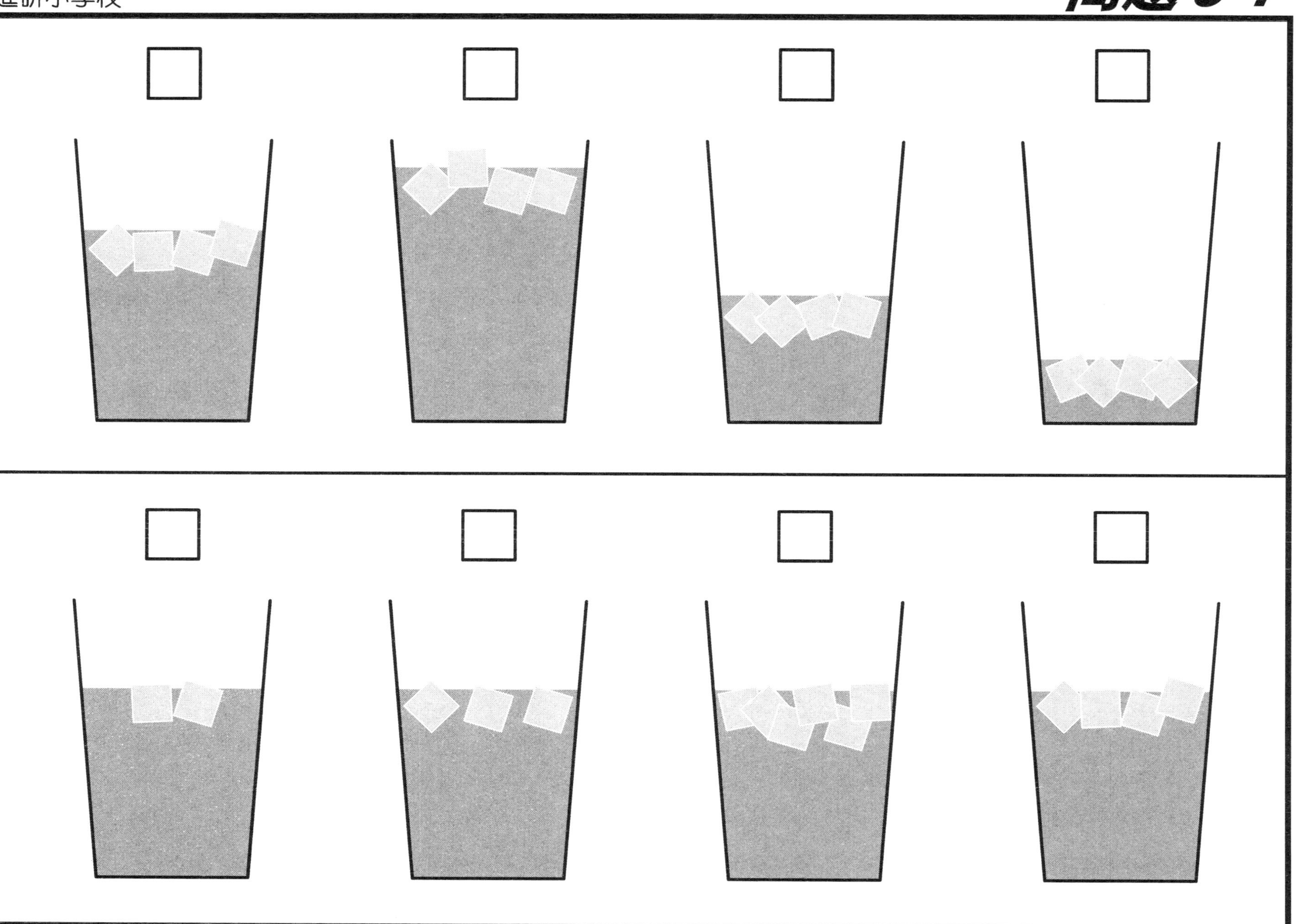

☆名進研小学校

問題３８

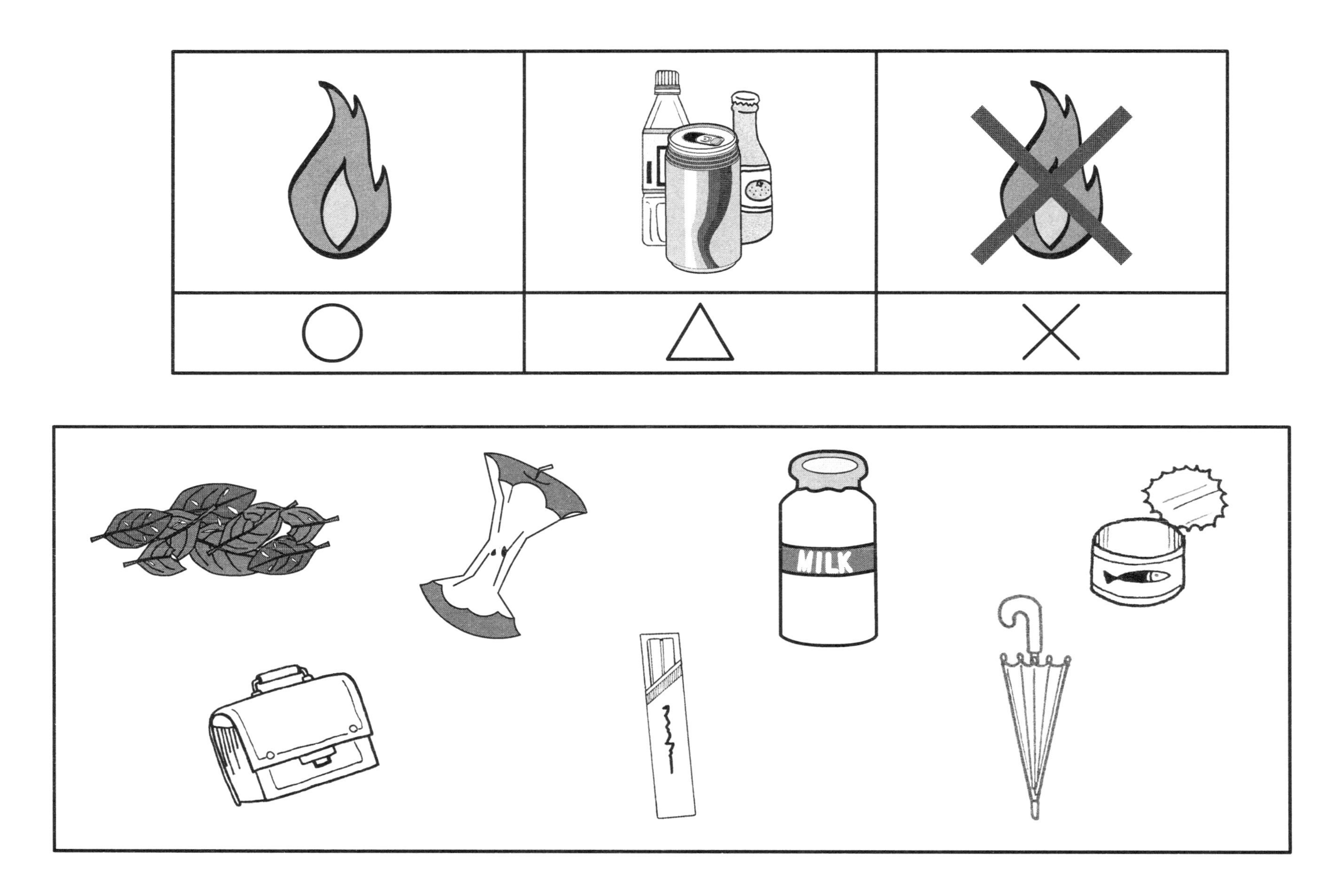

問題３９

☆名進研小学校

問題40

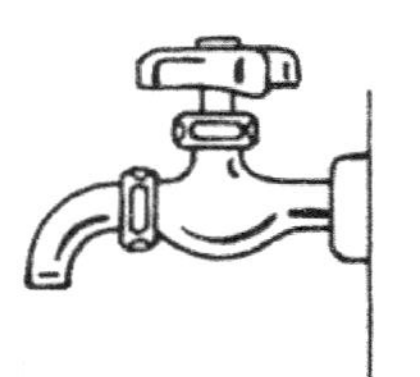

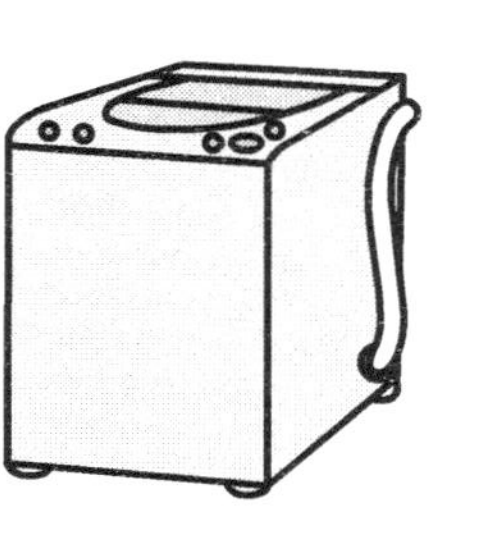

図書カード 1000 円分プレゼント

ご記入日 令和　　年　　月　　日

☆国・私立小学校受験アンケート☆

※可能な範囲でご記入下さい。選択肢は○で囲んで下さい。

〈小学校名〉＿＿＿＿＿＿＿＿＿＿　〈お子さまの性別〉男・女　〈誕生月〉＿＿月

〈その他の受験校〉（複数回答可）＿＿＿＿＿＿＿＿＿＿＿＿＿＿＿＿＿＿

〈受験日〉①：＿＿月＿＿日〈時間〉＿＿時＿＿分～＿＿時＿＿分

②：＿＿月＿＿日〈時間〉＿＿時＿＿分～＿＿時＿＿分

〈受験者数〉男女計＿＿名（男子＿＿名　女子＿＿名）

〈お子さまの服装〉＿＿＿＿＿＿＿＿＿＿＿＿＿＿＿＿

〈入試全体の流れ〉（記入例）準備体操→行動観察→ペーパーテスト

＿＿＿＿＿＿＿＿＿＿＿＿＿＿＿＿＿＿＿＿＿＿＿＿

Eメールによる情報提供

日本学習図書では、Eメールでも入試情報を募集しております。
下記のアドレスに、アンケートの内容をご入力の上、メールをお送り下さい。

ojuken@nichigaku.jp

●行動観察　（例）好きなおもちゃで遊ぶ・グループで協力するゲームなど

〈実施日〉＿＿月＿＿日〈時間〉＿＿時＿＿分～＿＿時＿＿分〈着替え〉□有 □無

〈出題方法〉□肉声 □録音 □その他（　　　　　　）〈お手本〉□有 □無

〈試験形態〉□個別 □集団（　　　人程度）

〈会場図〉

〈内容〉

□自由遊び

＿＿＿＿＿＿＿＿＿＿＿＿＿＿＿＿

□グループ活動

＿＿＿＿＿＿＿＿＿＿＿＿＿＿＿＿

□その他

＿＿＿＿＿＿＿＿＿＿＿＿＿＿＿＿

●運動テスト（有・無）　（例）跳び箱・チームでの競争など

〈実施日〉＿＿月＿＿日〈時間〉＿＿時＿＿分～＿＿時＿＿分〈着替え〉□有 □無

〈出題方法〉□肉声 □録音 □その他（　　　　　　）〈お手本〉□有 □無

〈試験形態〉□個別 □集団（　　　人程度）

〈会場図〉

〈内容〉

□サーキット運動

□走り □跳び箱 □平均台 □ゴム跳び

□マット運動 □ボール運動 □なわ跳び

□クマ歩き

□グループ活動＿＿＿＿＿＿＿＿＿＿＿＿

□その他＿＿＿＿＿＿＿＿＿＿＿＿＿＿

●知能テスト・口頭試問

〈実施日〉 ＿月＿日 〈時間〉 ＿時＿分 ～ ＿時＿分 〈お手本〉□有 □無

〈出題方法〉 □肉声 □録音 □その他（　　　　　） 〈問題数〉 ＿枚 ＿問

分野	方法	内容	詳細・イラスト
（例） お話の記憶	☑筆記 □口頭	動物たちが待ち合わせをする話	（あらすじ） 動物たちが待ち合わせをした。最初にウサギさんが来た。次にイヌくんが、その次にネコさんが来た。最後にタヌキくんが来た。 （問題・イラスト） ３番目に来た動物は誰か
お話の記憶	□筆記 □口頭		（あらすじ） （問題・イラスト）
図形	□筆記 □口頭		
言語	□筆記 □口頭		
常識	□筆記 □口頭		
数量	□筆記 □口頭		
推理	□筆記 □口頭		
その他	□筆記 □口頭		

●制作 （例）ぬり絵・お絵かき・工作遊びなど

〈実施日〉　月　日 〈時間〉　時　分　～　時　分

〈出題方法〉 □肉声 □録音 □その他（　　　）〈お手本〉□有 □無

〈試験形態〉 □個別 □集団（　　人程度）

材料・道具	制作内容
□ハサミ □のり（□つぼ □液体 □スティック） □セロハンテープ □鉛筆 □クレヨン（　色） □クーピーペン（　色） □サインペン（　色）□ □画用紙（□ A4 □ B4 □ A3 □その他：　　） □折り紙 □新聞紙 □粘土 □その他（　　）	□切る □貼る □塗る □ちぎる □結ぶ □描く □その他（　　） タイトル：＿＿＿＿＿＿

●面接

〈実施日〉　月　日 〈時間〉　時　分　～　時　分〈面接担当者〉　名

〈試験形態〉□志願者のみ（　）名 □保護者のみ □親子同時 □親子別々

〈質問内容〉

※試験会場の様子をご記入下さい。

例
校長先生　教頭先生
㊫　㋙　㊯
出入口

□志望動機　□お子さまの様子

□家庭の教育方針

□志望校についての知識・理解

□その他（　　）

（詳　細）

・

・

・

・

●保護者作文・アンケートの提出（有・無）

〈提出日〉 □面接直前 □出願時 □志願者考査中 □その他（　　）

〈下書き〉 □有 □無

〈アンケート内容〉

（記入例）当校を志望した理由はなんですか（150 字）

●説明会（□有　□無）〈開催日〉　　月　　日〈時間〉　　時　　分　～　　時　　分

〈上履き〉　□要　□不要　〈願書配布〉　□有　□無　〈校舎見学〉　□有　□無

〈ご感想〉

●参加された学校行事（複数回答可）

公開授業〈開催日〉　　月　　日〈時間〉　　時　　分　～　　時　　分

運動会など〈開催日〉　　月　　日〈時間〉　　時　　分　～　　時　　分

学習発表会・音楽会など〈開催日〉　　月　　日〈時間〉　　時　　分　～　　時　　分

〈ご感想〉

※是非参加したほうがよいと感じた行事について

●受験を終えてのご感想、今後受験される方へのアドバイス

※対策学習（重点的に学習しておいた方がよい分野）、当日準備しておいたほうがよい物など

＊＊＊＊＊＊＊＊＊＊＊＊＊　ご記入ありがとうございました　＊＊＊＊＊＊＊＊＊＊＊＊＊

必要事項をご記入の上、ポストにご投函ください。

なお、本アンケートの送付期限は入試終了後３ヶ月とさせていただきます。また、入試に関する情報の記入量が当社の基準に満たない場合、謝礼の送付ができないことがございます。あらかじめご了承ください。

ご住所：〒

お名前：　　　　メール：

ＴＥＬ：　　　　ＦＡＸ：

アンケートのご記入ありがとうございました

ご記入頂いた個人に関する情報は、当社にて厳重に管理致します。弊社の個人情報取り扱いに関する詳細は、www.nichigaku.jp/policy.php の「個人情報の取り扱い」をご覧下さい。

分野別 小学入試練習帳 ジュニアウォッチャー

1. 点・線図形	小学校入試で出題頻度の高い『点・線図形』の模写を、難易度の低いものから段階別に幅広く練習することができるように構成。
2. 座標	図形の位置模写という作業を、難易度の低いものから段階別に練習できるように構成。
3. パズル	様々なパズルの問題を難易度の低いものから段階別に練習できるように構成。
4. 同図形探し	小学校入試で出題頻度の高い、同図形選びの問題を繰り返し練習できるように構成。
5. 回転・展開	図形などを回転、または展開したとき、形がどのように変化するかを学習し、理解を深められるように構成。
6. 系列	数、図形などの様々な系列問題を、難易度の低いものから段階別に練習できるように構成。
7. 迷路	迷路の問題を繰り返し練習できるように構成。
8. 対称	対称に関する問題を４つのテーマに分類し、各テーマごとに問題を段階別に練習できるように構成。
9. 合成	図形の合成に関する問題を、難易度の低いものから段階別に練習できるように構成。
10. 四方からの観察	もの（立体）を様々な角度から見て、どのように見えるかを推理する問題を段階別に整理し、１つの形式で複数の問題を練習できるように構成。
11. いろいろな仲間	ものや動物、植物の共通点を見つけ、分類していく問題を中心に構成。
12. 日常生活	日常生活における様々な問題を６つのテーマに分類し、各テーマごとに一つの問題形式で複数の問題を練習できるように構成。
13. 時間の流れ	『時間』に着目し、様々なものごとは、時間が経過するとどのように変化するのかということを学習し、理解できるように構成。
14. 数える	様々なものを『数える』ことから、数の多少の判定やかけ算、わり算の基礎までを練習できるように構成。
15. 比較	比較に関する問題を５つのテーマ（数、高さ、長さ、量、重さ）に分類し、各テーマごとに問題を段階別に練習できるように構成。
16. 積み木	数える対象を積み木に限定した問題集。
17. 言葉の音遊び	言葉の音に関する問題を５つのテーマに分類し、各テーマごとに問題を段階別に練習できるように構成。
18. いろいろな言葉	表現力をより豊かにするいろいろな言葉として、擬態語や擬声語、同音異義語、反意語、数詞を取り上げた問題集。
19. お話の記憶	お話を聴いてその内容を記憶、理解し、設問に答える形式の問題集。
20. 見る記憶・聴く記憶	「見て憶える」「聴いて憶える」という『記憶』分野に特化した問題集。
21. お話作り	いくつかの絵を元にしてお話を作る練習をして、想像力を養うことができるように構成。
22. 想像画	描かれてある形や景色に好きな絵を描くことにより、想像力を養うことができるように構成。
23. 切る・貼る・塗る	小学校入試で出題頻度の高い、はさみやのりなどを用いた巧緻性の問題を繰り返し練習できるように構成。
24・絵画	小学校入試で出題頻度の高い、お絵かきやぬり絵などクレヨンやクーピーペンを用いた巧緻性の問題を繰り返し練習できるように構成。
25. 生活巧緻性	小学校入試で出題頻度の高い日常生活の様々な場面における巧緻性の問題集。
26. 文字・数字	ひらがなの清音、濁音、拗音、拗長音、促音と１～20までの数字に焦点を絞り、練習できるように構成。
27. 理科	小学校入試で出題頻度が高くなりつつある理科の問題を集めた問題集。
28. 運動	出題頻度の高い運動問題を種目別に分けて構成。
29. 行動観察	項目ごとに問題提起をし、「このような時はどうか、あるいはどう対処するのか」の観点から問いかける形式の問題集。
30. 生活習慣	学校から家庭に提起された問題と思って、一問一問絵を見ながら話し合い、考える形式の問題集。
31. 推理思考	数、量、言語、常識（含理科、一般）など、諸々のジャンルから問題を構成し、近年の小学校入試問題傾向に沿って構成。
32. ブラックボックス	箱や筒の中を通ると、どのようなお約束でどのように変化するかを推理・思考する問題集。
33. シーソー	重さの違うものをシーソーに乗せた時どちらに傾くのか、またどうすればシーソーは釣り合うのかを思考する基礎的な問題集。
34. 季節	様々な行事や植物などを季節別に分類できるように知識をつける問題集。
35. 重ね図形	小学校入試で頻繁に出題されている「図形を重ね合わせてできる形」についての問題を集めました。
36. 同数発見	様々な物を数え「同じ数」を発見し、数の多少の判断や数の認識の基礎を学べるように構成した問題集。
37. 選んで数える	数の学習の基本となる、いろいろなものの数を正しく数える学習を行う問題集。
38. たし算・ひき算１	数字を使わず、たし算とひき算の基礎を身につけるための問題集。
39. たし算・ひき算２	数字を使わず、たし算とひき算の基礎を身につけるための問題集。
40. 数を分ける	数を等しく分ける問題です。等しく分けたときに余りが出るものもあります。
41. 数の構成	ある数がどのような数で構成されているか学んでいきます。
42. 一対多の対応	一対一の対応から、一対多の対応まで、かけ算の考え方の基礎学習を行います。
43. 数のやりとり	あげたり、もらったり、数の変化をしっかりと学びます。
44. 見えない数	指定された条件から数を導き出します。
45. 図形分割	図形の分割に関する問題集。パズルや合成の分野にも通じる様々な問題を集めました。
46. 回転図形	「回転図形」に関する問題集。やさしい問題から始め、いくつかの代表的なパターンから、段階を踏んで学習できるよう編集されています。
47. 座標の移動	「マス目の指示通りに移動する問題」と「指示された数だけ移動する問題」を収録。
48. 鏡図形	鏡で左右反転させた時の見え方を考えます。平面図形から立体図形、文字、絵まで。
49. しりとり	すべての学習の基礎となる「言葉」を学ぶこと、特に「語彙」を増やすことに重点をおき、さまざまなタイプの「しりとり」問題を集めました。
50. 観覧車	観覧車やメリーゴーラウンドなどを舞台にした「回転系列」の問題集。「推理思考」分野の問題ですが、要素として「図形」や「数量」も含みます。
51. 運筆①	鉛筆の持ち方を学び、点線なぞり、お手本を見ながらの模写で、線を引く練習をします。
52. 運筆②	運筆①からさらに発展し、「欠所補完」や「迷路」などを楽しみながら、より複雑な鉛筆運びを習得することを目指します。
53. 四方からの観察 積み木編	積み木を使用した「四方からの観察」に関する問題を練習できるように構成。
54. 図形の構成	見本の図形がどのような部分によって形づくられているかを考えます。
55. 理科②	理科的知識に関する問題を集中して練習する「常識」分野の問題集。
56. マナーとルール	道路や駅、公共の場でのマナー、安全や衛生に関する常識を学べるように構成。
57. 置き換え	さまざまな具体的・抽象的事象を記号で表す「置き換え」の問題を扱います。
58. 比較②	長さ・高さ・体積・数などを数学的な知識を使わず、論理的に推測する「比較」の問題を練習できるように構成。
59. 欠所補完	線と線のつながり、欠けた絵に当てはまるものなどを求める「欠所補完」に取り組める問題集です。
60. 言葉の音（おん）	しりとり、決まった順番の音をつなげるなど、「言葉の音」に関する問題に取り組める練習問題集です。

◆◆ニチガクのおすすめ問題集◆◆

より充実した家庭学習を目指し、ニチガクではさまざまな問題集をとりそろえております!!

サクセスウォッチャーズ（全18巻）

①～⑱
本体各￥2,200＋税

全９分野を「基礎必修編」「実力アップ編」の２巻でカバーした、合計18冊。

各巻80問と豊富な問題数に加え、他の問題集では掲載していない詳しいアドバイスが、お子さまを指導する際に役立ちます。

各ページが、すぐに使えるミシン目付き。本番を意識したドリルワークが可能です。

ジュニアウォッチャー（既刊60巻）

①～⑥⓪（以下続刊）
本体各￥1,500＋税

入試出題頻度の高い９分野を、さらに60の項目にまで細分化。基礎学習に最適のシリーズ。

苦手分野におけるつまずきを、効率よく克服するための60冊です。

ポイントが絞られているため、無駄なく高い効果を得られます。

国立・私立NEWウォッチャーズ

言語／理科／図形／記憶
常識／数量／推理
本体各￥2,000＋税

シリーズ累計発行部数40万部以上を誇る大ベストセラー「ウォッチャーズシリーズ」の趣旨を引き継ぐ新シリーズ!!

実際に出題された過去問の「類題」を32問掲載。全問に「解答のポイント」付きだから家庭学習に最適です。「ミシン目」付き切り離し可能なプリント学習タイプ！

実践 ゆびさきトレーニング①・②・③

本体各￥2,500＋税

制作問題に特化した一冊。有名校が実際に出題した類似問題を35問掲載。

様々な道具の扱い（はさみ・のり・セロハンテープの使い方）から、手先・指先の訓練（ちぎる・貼る・塗る・切る・結ぶ）、また、表現することの楽しさも経験できる問題集です。

お話の記憶・読み聞かせ

［お話の記憶問題集］
中級／上級編
本体各￥2,000＋税

初級／過去類似編／ベスト30
本体各￥2,600＋税

1話5分の読み聞かせお話集①・②、入試実践編①
本体各￥1,800＋税

あらゆる学習に不可欠な、語彙力・集中力・記憶力・理解力・想像力を養うと言われているのが「お話の記憶」分野の問題。問題集は全問アドバイス付き。

分野別 苦手克服シリーズ（全６巻）

図形／数量／言語／
常識／記憶／推理
本体各￥2,000＋税

数量・図形・言語・常識・記憶の６分野。アンケートに基づいて、多くのお子さまがつまづきやすい苦手問題を、それぞれ40問掲載しました。

全問アドバイス付きですので、ご家庭において、そのつまづきを解消するためのプロセスも理解できます。

運動テスト・ノンペーパーテスト問題集

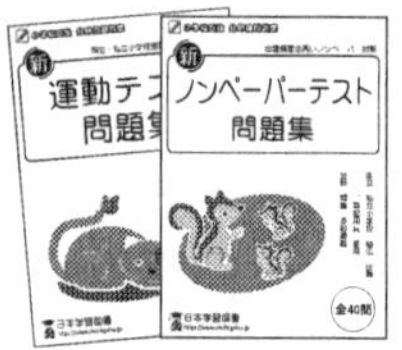

新 運動テスト問題集
本体￥2,200＋税

新 ノンペーパーテスト問題集
本体￥2,600＋税

ノンペーパーテストは国立・私立小学校で幅広く出題される、筆記用具を使用しない分野の問題を全40問掲載。

運動テスト問題集は運動分野に特化した問題集です。指示の理解や、ルールを守る訓練など、ポイントを押さえた学習に最適。全35問掲載。

口頭試問・面接テスト問題集

新 口頭試問・個別テスト問題集
本体￥2,500＋税

面接テスト問題集
本体￥2,000＋税

口頭試問は、主に個別テストとして口頭で出題解答を行うテスト形式。面接は、主に「考え」やふだんの「あり方」をたずねられるものです。

口頭で答える点は同じですが、内容は大きく異なります。想定する質問内容や答え方の幅を広げるために、どちらも手にとっていただきたい問題集です。

小学校受験 厳選難問集 ①・②

本体各￥2,600＋税

実際に出題された入試問題の中から、難易度の高い問題をピックアップし、アレンジした問題集。応用問題への挑戦は、基礎の理解度を測るだけでなく、お子さまの達成感・知的好奇心を触発します。

①は数量・図形・推理・言語、②は位置・常識・比較・記憶分野の難問を掲載。それぞれ40問。

国立小学校　対策問題集

国立小学校入試問題Ａ・Ｂ・Ｃ（全３巻）本体各￥3,282＋税

新 国立小学校直前集中講座
本体￥3,000＋税

国立小学校頻出の問題を厳選。細かな指導方法やアドバイスが掲載してあり、効率的な学習が進められます。「総集編」は難易度別にＡ～Ｃの３冊。付録のレーダーチャートにより得意・不得意を認識でき、国立小学校受験対策に最適です。入試直前の対策には「新 直前集中講座」！

おうちでチャレンジ ①・②

本体各￥1,800＋税

関西最大級の模擬試験である小学校受験標準テストのペーパー問題を編集した実力養成に最適な問題集。延べ受験者数10,000人以上のデータを分析しお子さまの習熟度・到達度を一目で判別。

保護者必読の特別アドバイス収録！

Q＆Aシリーズ

『小学校受験で知っておくべき125のこと』
『小学校受験に関する 保護者の悩みＱ＆Ａ』
『新 小学校受験の入試面接Ｑ＆Ａ』
『新 小学校受験 願書・アンケート文例集500』
本体各￥2,600＋税
『小学校受験のための
願書の書き方から面接まで』
本体￥2,500＋税

「知りたい！」「聞きたい！」「こんな時どうすれば…？」そんな疑問や悩みにお答えする、オススメの人気シリーズです。

書籍についてのご注文・お問い合わせ
☎ 03-5261-8951

http://www.nichigaku.jp
※ご注文方法、書籍についての詳細は、Webサイトをご覧ください。

日本学習図書　検索

南山大学附属小学校　専用注文書

年　　月　　日

合格のための問題集ベスト・セレクション

＊入試頻出分野ベスト３

1st 図形　観察力　思考力

2nd 推理　思考力　聞く力

3rd 数量　思考力　聞く力

ペーパーテストは幅広い分野で出題されているため、バランスよく学習する必要があります。また、当校はノンペーパーテストにも力を入れています。どちらもバランスよく学習するようにしましょう。

分野	書　名	価格(税込)	注文	分野	書　名	価格(税込)	注文
図形	Ｊｒ・ウォッチャー4「同図形探し」	1,650円	冊	数量	Ｊｒ・ウォッチャー36「同数発見」	1,650円	冊
推理	Ｊｒ・ウォッチャー6「系列」	1,650円	冊	数量	Ｊｒ・ウォッチャー38「たし算・ひき算１」	1,650円	冊
推理	Ｊｒ・ウォッチャー7「迷路」	1,650円	冊	数量	Ｊｒ・ウォッチャー39「たし算・ひき算２」	1,650円	冊
数量	Ｊｒ・ウォッチャー14「数える」	1,650円	冊	数量	Ｊｒ・ウォッチャー40「数を分ける」	1,650円	冊
数量	Ｊｒ・ウォッチャー16「積み木」	1,650円	冊	図形	Ｊｒ・ウォッチャー46「回転図形」	1,650円	冊
言語	Ｊｒ・ウォッチャー17「言葉の音遊び」	1,650円	冊	言語	Ｊｒ・ウォッチャー49「しりとり」	1,650円	冊
言語	Ｊｒ・ウォッチャー18「いろいろな言葉」	1,650円	冊	巧緻性	Ｊｒ・ウォッチャー51「運筆①」	1,650円	冊
巧緻性	Ｊｒ・ウォッチャー25「生活巧緻性」	1,650円	冊	巧緻性	Ｊｒ・ウォッチャー52「運筆②」	1,650円	冊
常識	Ｊｒ・ウォッチャー27「理科」	1,650円	冊	常識	Ｊｒ・ウォッチャー55「理科②」	1,650円	冊
観察	Ｊｒ・ウォッチャー29「行動観察」	1,650円	冊	言語	Ｊｒ・ウォッチャー60「言葉の音（おん）」	1,650円	冊
推理	Ｊｒ・ウォッチャー31「推理思考」	1,650円	冊		１話５分の読み聞かせお話集①・②	1,980円	各　冊
推理	Ｊｒ・ウォッチャー32「ブラックボックス」	1,650円	冊		新口頭試問・個別テスト問題集	2,750円	冊
常識	Ｊｒ・ウォッチャー34「季節」	1,650円	冊		実践 ゆびさきトレーニング①・②・③	2,750円	各　冊
図形	Ｊｒ・ウォッチャー35「重ね図形」	1,650円	冊		新 小学校受験の入試面接Ｑ＆Ａ	2,860円	冊

合計	冊	円

(フリガナ) 氏　名	電　話 ＦＡＸ E-mail
住 所　〒　　　－	以前にご注文されたことはございますか。 有　・　無

★お近くの書店、または記載の電話・FAX・ホームページにてご注文をお受けしております。
電話：03-5261-8951　FAX：03-5261-8953　代金は書籍合計金額＋送料がかかります。
※なお、落丁・乱丁以外の理由による商品の返品・交換には応じかねます。
★ご記入頂いた個人に関する情報は、当社にて厳重に管理致します。なお、ご購入の商品発送の他に、当社発行の書籍案内、書籍に関する調査に使用させて頂く場合がございますので、予めご了承ください。

日本学習図書株式会社
http://www.nichigaku.jp

名進研小学校　専用注文書

年　月　日

合格のための問題集ベスト・セレクション

＊入試頻出分野ベスト３

1st 推理　思考力　聞く力

2nd 常識　知識　公衆

3rd 図形　観察力　思考力

ペーパーテストは幅広い分野から出題されていますが、それほど難しい問題はないので基礎基本を徹底することが当校の対策になります。ノンペーパーテストも多いのでバランスよく学んでいきましょう。

分野	書名	価格(税込)	注文	分野	書名	価格(税込)	注文
図形	Jr・ウォッチャー 1「点・線図形」	1,650円	冊	数量	Jr・ウォッチャー 39「たし算・ひき算 2」	1,650円	冊
図形	Jr・ウォッチャー 5「回転・展開」	1,650円	冊	数量	Jr・ウォッチャー 42「一対多の対応」	1,650円	冊
推理	Jr・ウォッチャー 6「系列」	1,650円	冊	言語	Jr・ウォッチャー 49「しりとり」	1,650円	冊
常識	Jr・ウォッチャー 11「いろいろな仲間」	1,650円	冊	巧緻性	Jr・ウォッチャー 51「運筆①」	1,650円	冊
数量	Jr・ウォッチャー 14「数える」	1,650円	冊	巧緻性	Jr・ウォッチャー 52「運筆②」	1,650円	冊
推理	Jr・ウォッチャー 15「比較」	1,650円	冊	図形	Jr・ウォッチャー 53「四方からの観察　積み木編」	1,650円	冊
言語	Jr・ウォッチャー 18「いろいろな言葉」	1,650円	冊	常識	Jr・ウォッチャー 56「マナーとルール」	1,650円	冊
巧緻性	Jr・ウォッチャー 23「切る・貼る・塗る」	1,650円	冊	推理	Jr・ウォッチャー 58「比較②」	1,650円	冊
運動	Jr・ウォッチャー 28「運動」	1,650円	冊		口頭試問最強マニュアル　ペーパーレス編	1,650円	冊
観察	Jr・ウォッチャー 29「行動観察」	1,650円	冊		口頭試問最強マニュアル　生活体験編	1,650円	冊
推理	Jr・ウォッチャー 31「推理思考」	1,650円	冊		1話5分の読み聞かせお話集①・②	1,980円	各　冊
推理	Jr・ウォッチャー 32「ブラックボックス」	1,650円	冊		新 口頭試問・個別テスト問題集	2,750円	冊
数量	Jr・ウォッチャー 37「選んで数える」	1,650円	冊		実践 ゆびさきトレーニング①・②・③	2,750円	各　冊
数量	Jr・ウォッチャー 38「たし算・ひき算 1」	1,650円	冊		新 小学校受験の入試面接Q&A	2,860円	冊

合計	冊	円

(フリガナ) 氏　名	電　話 FAX E-mail
住 所　〒　　　－	以前にご注文されたことはございますか。 有　・　無

★お近くの書店、または記載の電話・FAX・ホームページにてご注文をお受けしております。
電話：03-5261-8951　FAX：03-5261-8953　代金は書籍合計金額＋送料がかかります。
※なお、落丁・乱丁以外の理由による商品の返品・交換には応じかねます。

★ご記入頂いた個人に関する情報は、当社にて厳重に管理致します。なお、ご購入の商品発送の他に、当社発行の書籍案内、書籍に関する調査に使用させて頂く場合がございますので、予めご了承ください。

日本学習図書株式会社
http://www.nichigaku.jp

家庭学習をトータルサポート！ ニチガクのオリジナル 効果的 学習法

1 まずは アドバイスページを読む！

ピンク色です

対策や試験ポイントがぎっしりつまった「家庭学習ガイド」。分野アイコンで、試験の傾向をおさえよう！

2 問題をすべて読み、出題傾向を把握する

3 「学習のポイント」で学校側の観点や問題の解説を熟読

4 はじめて過去問題にチャレンジ！

5 プラスα 対策問題集や類題で力を付ける

過去問のこだわり

最新問題は問題ページ、イラストページ、解答・解説ページが独立しており、お子さまにすぐに取り掛かっていただける作りになっています。
ニチガクの学校別問題集ならではの、学習法を含めたアドバイスを利用して効率のよい家庭学習を進めてください。

各問題のジャンル

問題8 分野：図形（構成・重ね図形）

〈準備〉 鉛筆、消しゴム

〈問題〉 ①この形は、左の三角形を何枚使ってできていますか。その数だけ右の四角に○を書いてください。
②左の絵の一番下になっている形に○をつけてください。
③左には、透明な板に書かれた3枚の絵があります。この絵をそのまま3枚重ねると、どうなりますか。右から選んで○をつけてください。
④左には、透明な板に書かれた3枚の絵があります。この絵をそのまま3枚重ねると、どうなりますか。右から選んで○をつけてください。

〈時間〉 各20秒

〈解答〉 ①○4つ ②中央 ③右端 ④右端

学習のポイント

空間認識力を総合的に観ることができる問題構成といえるでしょう。これらの3問を見て、どの問題もすんなりと解くことができたでしょうか。当校の入試は、基本問題は確実に解き、難問をどれだけ正解するかで合格が近づいてきます。その観点からいうなら、この問題は全問正解したい問題に入ります。この問題も、お子さま自身に答え合わせをさせることをおすすめいたします。自分で実際に確認することでどのようになっているのか把握することが可能で、理解度が上がります。実際に操作したとき、どうなっているのか。何処がポイントになるのかなど、質問をすると、答えることが確認作業になるため、知識の習得につながります。形や条件を変え、色々な問題にチャレンジしてみましょう。

【おすすめ問題集】
Jr.ウォッチャー45「図形分割」

学習のポイント

各問題の解説や学校の観点、指導のポイントなどを教えます。
今日から保護者の方が家庭学習の先生に！

おすすめ対策問題集

分野ごとに対策問題集をご紹介。苦手分野の克服に最適です！
＊専用注文書付き。

2024年度版　愛知県版　私立小学校　過去問題集

発行日　2023年8月29日
発行所　〒162-0821　東京都新宿区津久戸町 3-11-9F
日本学習図書株式会社
電　話　03-5261-8951 ㈹

詳細は http://www.nichigaku.jp　日本学習図書　検索